# 如何说 孩子才会听
# 怎么听 孩子才肯说

〔美〕阿黛尔·法伯（Adele Faber） 伊莱恩·玛兹丽施（Elaine Mazlish）著
〔美〕肯伯利·安·蔻（Kimberly Ann Coe）插图  安燕玲 译

How to
Talk So Kids Will Listen &
Listen So Kids Will Talk

## 图书在版编目(CIP)数据

如何说孩子才会听 怎么听孩子才肯说/(美)法伯(Faber,A.),(美)玛兹丽施(Mazlish,E.)著;安燕玲译.–北京:中央编译出版社,2007.10
书名原文:How to Talk So Kids Will Listen & Listen So Kids Will Talk
ISBN 978-7-80211-527-9

I.如… II.①法…②玛…③安… III.儿童教育:家庭教育 IV.G78
中国版本图书馆 CIP 数据核字(2007)第 140335 号

北京市版权局著作权合同登记章
图字:01-2007-3988

HOW TO TALK SO KIDS WILL LISTEN & LISTEN SO KIDS WILL TALK
by ADELE FABER and ELAINE MAZLISH
Original English language edition Copyright © 1980 by Adele Faber and Elaine Mazlish
All Rights Reserved.
本书中文简体字版(精装本)由 Adele Faber 和 Elaine Mazlish 授权中央编译出版社独家出版发行。版权所有,侵权必究。

| | |
|---|---|
| 出 版 人 | 和 龑 |
| 责任编辑 | 张维军 |
| 出　　版 | 中央编译出版社 |
| 地　　址 | 北京西单西斜街 36 号(100032) |
| 电　　话 | 010-66509360　66509361(编辑部) |
| | 010-66509364(发行部) |
| | 010-66509618(读者服务部) |
| 网　　址 | http://www.cctpbook.com |
| 经　　销 | 全国新华书店 |
| 印　　刷 | 北京中科印刷有限公司 |
| 开　　本 | 880×1230mm　1/32 |
| 字　　数 | 120 千字 |
| 插　　图 | 162 幅 |
| 印　　张 | 9 |
| 版　　次 | 2011 年 1 月第 1 版第 4 次印刷 |
| 定　　价 | 26.80 元 |

本社常年法律顾问:北京建元律师事务所首席顾问律师 鲁哈达

阿黛尔·法伯　　　　　　　伊莱恩·玛兹丽施
(Adele Faber)　　　　　　(Elaine Mazlish)

**作者简介**

阿黛尔·法伯(Adele Faber)和伊莱恩·玛兹丽施(Elaine Mazlish)是国际著名亲子沟通专家,她们的著作不仅深受家长的欢迎,而且也得到专业权威人士的认可。

两位作者的第一本书《释放家长 释放孩子》(Liberated Parents Liberated Children)曾荣获"克里斯多佛"奖,第二本书《如何说孩子才会听 怎么听孩子才肯说》(How to Talk So Kids Will Listen & Listen So Kids Will Talk)销售量超过300万本,被翻译成30多种语言。关于这本书的讲座教材和录像带被全球20多万个亲子团体所使用。

随后她们又出版了一系列亲子教育图书,其中《如何说,孩子才肯学》(How To Talk So Kids Can Learn—At Home and In School)被

## 作者简介

美国《儿童》杂志评为"家庭教育年度最佳图书";《和平相处的兄弟姐妹》(Siblings Without Rivalry)荣登《纽约时报书评》畅销书排行榜第一名。

自从《如何说孩子才会听 怎么听孩子才肯说》出版以来,两位作者在美国和加拿大各地为父母、老师和职业心理医师进行幽默、鼓舞人心的演讲和培训。她们持续开展的工作被做成系列片在电视台 CBS 节目中播放。她们还经常出现在《早安美国》(Good Morning America)和《欧普拉》(Oprah)等热门电视节目里。

两位作者都曾师从于已故著名儿童心理学家海姆·吉诺特(Haim Ginott)博士,她们是纽约市社会研究新校(New School of Social Research) 和长岛大学家庭生活协会 (Family Life Institute of Long Island University)的创建者。

阿黛尔·法伯,本科毕业于美国皇后学院戏剧专业,获学士学位,又在纽约大学获教育学硕士学位。她曾在纽约市的高中任教 8 年。

伊莱恩·玛兹丽施,本科毕业于纽约大学,获舞台美术的学士学位,毕业后创建并指导了格罗斯维诺尔和雷诺克斯·希尔社区活动中心的儿童节目。她同时也是一位专业的画家和作曲家。

两位作者都是三个孩子的母亲,她们已被收录于美国名人录。

# 目录

- 中文版序言/ 1
- 英文版序言/ 2
- 谢辞/ 4
- 如何阅读本书/ 5

- 第1章 帮助孩子面对他们的感受/ 1
  - ⊙ 如何面对孩子的负面感受？很简单，接受他们的感受。
  - ⊙ 我们和孩子是完全不同的个体，不能用我们的感受代替孩子感受。
  - ⊙ 感受没有对错之分，所有的感受都是被接纳的，但某些行为必须受到限制。
  - ⊙ 孩子的感受被接纳了，他们才能开始集中精力改变自己的情绪。
  - ⊙ 帮助孩子面对他们感受的四个技巧：
    1. 全神贯注地倾听
    2. 用"哦……""嗯……""这样啊……"来回应他们的感受
    3. 说出他们的感受
    4. 用幻想的方式实现他们的愿望

- 第2章 鼓励孩子与我们合作/ 47
  - ⊙ 孩子不愿意合作，是因为他们和我们在需求上存在矛盾。

# 目录

- ⊙ 家长如何处理自己的负面情绪。
- ⊙ 尊重孩子是合作的开始。
- ⊙ 鼓励孩子与我们合作的五个技巧：
  1. 描述你所看见的，或者描述问题
  2. 提示
  3. 用简单的词语表达
  4. 说出你的感受
  5. 写便条

## 第3章 代替惩罚的方法/ 91

- ⊙ 惩罚孩子，实际上剥夺了他从内心深处对自己错误行为的反省过程。
- ⊙ 不要把孩子看做麻烦的制造者，要把他们当做解决问题的积极参与者。
- ⊙ 代替惩罚的七个技巧：
  1. 请孩子帮忙
  2. 明确表达强烈不同意的立场（但不攻击孩子的人格）
  3. 表明你的期望
  4. 提供选择
  5. 告诉孩子怎样弥补自己的失误
  6. 采取行动
  7. 让孩子体验错误行为的自然后果
- ⊙ 当孩子屡教不改时，家长解决问题的五个步骤。

# 目录

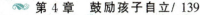

## 第 4 章　鼓励孩子自立 / 139

⊙ 家长培养孩子的一个最重要的目标，就是帮助他们成为一个独立的个体。

⊙ 让孩子自己做自己的事情，亲自经历各种问题带来的挣扎，在自己的错误中得到成长。

⊙ 让孩子依赖感降到最少，让孩子成为有责任感的人。

⊙ 鼓励孩子自立的六个技巧：

　1. 让孩子自己做选择

　2. 尊重孩子的努力

　3. 不要问太多问题

　4. 别急着告诉答案

　5. 鼓励孩子善用外部资源

　6. 不要毁掉孩子的希望

## 第 5 章　学会赞赏孩子 / 177

⊙ 在家里得到赞赏的孩子，更愿意为自己设立较高的目标。

⊙ 赞赏需要谨慎，善意的赞赏有时会带来意想不到的拒绝。

⊙ 做父母的一个重要职责是学会如何及时称赞孩子做对的事情。

⊙ 赞赏孩子的三个技巧：

　1. 描述你所看见的

　2. 描述你的感受

　3. 把孩子值得赞赏的行为总结为一个词

# 目 录

**第 6 章 让孩子从角色中释放/ 205**

⊙ 父母如何看待孩子,会影响到孩子们的行为。

⊙ 做一个真实的自己比做一个"妈妈的乖女儿"更重要。

⊙ 永远都不要低估了你的话对孩子一生的影响。

⊙ 让孩子从角色中释放的六个技巧:

1. 寻找机会让孩子看到一个全新的自己
2. 创造机会,让孩子另眼看待自己
3. 让孩子无意中听到你对他的正面评价
4. 以身作则
5. 记住孩子那些特别的时刻
6. 当孩子又按照原来的方式行事时,表达你的感觉和期望。

**第 7 章 融会贯通/ 231**

⊙ 改变孩子,需要将所有的技巧都用上。

⊙ 这一切是为了什么?

**附 录/ 240**

20周年纪念版感言

I.是这样,但是……如果……会怎么样?

II.孩子们的"母语"

III.读者来信

# 中文版序言

## 给中国读者的一份祝福

亲爱的读者朋友：

　　我们非常欣慰地看到《如何说孩子才会听 怎么听孩子才肯说》被翻译成中文，与中国的广大父母以及育儿专家见面了。回顾当初，这本书在1980年首次出版发行的时候，我们谁都不曾预料到，它不仅是最畅销的书之一，而且成为近30年来家长们的"育儿宝典"，全美销售量超过300万册，同时，还被翻译成30多种语言。

　　在过去的几年中，我们曾收到了许多中国家长的来信，让我们了解到这本书给他们的生活带来了怎样深远的影响。一位女士还表示，希望有一天可以看到这本书的中文版，使更多的父母学会用有效、愉快的沟通方式与孩子建立亲子关系。

　　现在愿望终于实现了。尽管东西方文化存在一定的差异，但是，我们仍然相信，有更多共同的东西把我们联系起来。无论我们生活在地球的哪个角落，我们都对孩子拥有同样的爱，我们都愿意把最好的奉献给孩子，我们更希望能传承给孩子们一种方法，让他们学会面对现实、创造未来。

　　这也正是本书的核心所在，我们希望能为读者提供一种建立在平等互爱、相互尊重基础上的交流方式和沟通技巧。

　　期待着各位读者在阅读的过程中能收获良多。

*Adele Faber*（阿黛尔·法伯）

*Elaine Mazlish*（伊莱恩·玛兹丽施）

# 英文版序言

亲爱的读者朋友：

一直以来，我们都不曾想到会写一本关于教导家长"如何"与孩子沟通的书。毕竟父母和孩子之间的关系是个非常私人的话题，让我们在这方面提供建议有些不合时宜。在出版的第一本书——《释放家长 释放孩子》中，我们尽量避免说教，而是分享我们的故事和经验。多年来，我们和已故儿童心理专家海姆·吉诺特博士一起开办的讲座，给我们自己的生活带来了非常深远的影响。所以，我们相信，如果能和大家一起分享我们使用这些技巧的亲身经历，读者一定能领悟到这些技巧背后的内涵和实质，然后自己可以灵活运用。

这种方式在一定程度上很有效。许多家长高兴地告诉我们，通过学习我们的经验，他们已经能够在家庭中灵活地运用这些方法。但是，还有另外一些家长提出了一个共同的期待，就是想看到另外一本书：最好能包含理论讲解、实践操作、原则、小贴示之类的内容，能帮助家长们循序渐进地学习。

关于这个提议，我们的确严肃认真地思考过一段时间，但是始终不能排除最初的担忧，所以把这个想法一直搁置在一边，而忙于准备四处巡回演讲和讲座。

接下来的几年中，我们辗转于全国各地，为家长、教师、学校负责人、医疗机构、青少年、儿童教育工作者等一些相关人员和机构办讲座。无论走到哪里，人们总愿意和我们分享他们运用这种新沟通方法的经历，包括他们的困惑、挣扎以及他们对新方法的热衷。大家的坦诚让我们备感欣慰。同时，从他们身上我们也学到了不少新东西。每次结束后，文件夹里塞满的新素材总是让我们兴奋不已。

与此同时，源源不断地有邮件寄来，不光来自美国，还有来自法国、加拿大、以色列、新西兰、菲律宾、印度等世界各国。来自新德里的安哈·甘普勒在信中说到:"我有许多疑问,很想听听你们的建议……请告诉我怎样才能更深入地学习这门技巧。我现在走到了死胡同里。老方法不适合我,又没有新的技巧。请帮助我解决这个问题。"

正是这封信,让我们再次开始考虑写一本关于"如何操作"的书。我们越讨论这个问题,就越找到了写书的感觉。为什么不写一本书,提供给家长们经验和方法,让他们能够自学这些技巧呢?给父母一个机会,让他们(或者和朋友一起)按照自己的进度去实践,同时提供给家长们可以借鉴的众多事例,以便他们能从中找出适合自己的最佳方法。

这本书还配上了卡通漫画,生动展现每个技巧,好让性急的父母们可以看一眼漫画就能很快复习一遍。

我们把这本书写得个性化一些。在书中分享我们的个人经历、回答了一些共性的问题,并且还包括过去六年当中参加讲座的家长们提供的一些小故事和新观念。但是,更重要的是,我们始终追求着一个更大的目标——坚持不懈地寻找一种肯定个人尊严和人性的亲子沟通方法。就这样,我们最初的担忧不见了。每一门艺术或者科学都有它自己的工具书,为什么不能有一本书告诉家长"如何说,孩子才会听,怎么听孩子才会说呢"?

从决定的那一刻起,我们马上就投入了写作。我们希望能在甘普勒先生孩子长大以前,把这本书送给他。

阿黛尔·法伯<br>伊莱恩·玛兹丽施

# 谢 辞

感谢莱斯利·法伯和罗伯特·玛兹丽施对我们无微不至的关怀和奉献；

感谢卡尔、乔安娜、艾布拉姆·法伯、凯茜、丽姿、约翰·玛兹丽施对我们一如既往的的支持和鼓励；

感谢凯茜·密尼格对文字录入过程中每个细节的关注和监督；

感谢肯伯利·寇为我们提供直观、风趣的卡通漫画；

感谢罗伯特·马克尔在关键时刻给予的支持和指导；

感谢杰勒得·尼瑞伯格与我们分享他的经验和建议；

感谢参加讲座的家长们为我们提供了宝贵的第一手资料和意见；

感谢安妮·玛丽·盖格和帕特利夏·金在我们最需要的时候毫无保留的付出；

感谢本书的编辑吉姆·韦德，他的执着精神和对品质的追求让我们深受感动；

感谢海姆·吉诺特博士，给我们提供了一种全新的亲子沟通方法。为了不让孩子的心灵受到伤害，他一直致力于儿童成长问题。他的去世，让全世界的孩子们失去了一位良师益友。

# 如何阅读本书

每个人的阅读习惯各有不同,有人喜欢从中间读起,有人愿意从后面开始看。但我们建议你先通过浏览漫画对本书大致有一个了解后,从第一章慢慢读起,并且一边读,一边认真做书中的练习。不要跳过练习直接阅读你认为精彩的章节。如果有朋友和你一起做练习,效果会更好,你们可以充分地交流和讨论。

此外,我们还建议做练习的时候,写下你的答案,使本书变成你的一份个人记录。不必介意你的书写是不是工整,是否有涂改,只管把它记下来就好。

本书适合慢慢去读。我们花了十年的时间来学习书中的理念。当你认同书中的观点的时候,可能心里就会想有一些改变,但是改变不是一朝一夕的事情,需要我们从一点一滴开始做起。可以尝试这样的方法:每读完一章后,把书放在一边,给自己留出一周的时间来演练,然后再接着读。你也许会说:"我有很多事情要做,哪有时间做练习?"但是,经验告诉我们,父母必须通过练习把理论变成行动,并且记录下结果,才能使学到的技巧真正内化。

最后,是关于在人称方面的一个解释。为了避免造成性别歧视的误会,以及繁琐的"他/她"或者"他的/她的"的表达方式,我们在书中随机地使用"他"或者"她",来泛指一个人。

另外,本书出自两位作者,书中的观点来自我们共同的感悟和经验。为了方便阅读,我们统一采用第一人称"我"来阐述观点,而免去了用"阿黛尔·法伯"和"伊莱恩·玛兹丽施"这样繁冗的表达方式。

书中所提供的沟通方法和技巧，让我们无论与家人沟通还是外界形形色色的人交流都受益匪浅，所以在这里非常愿意与各位读者一起分享。

―― 第 1 章 ――

# 帮助孩子面对他们的感受

*Helping children Deal*

*with*

*Their Feelings*

# 第一部分

在真正有了自己的三个孩子以前,我一直自认为是一位好妈妈,一位在子女教育问题方面的专家。然而,当和自己的孩子朝夕相处的时候,才又让我重新开始虚心地学习如何做父母。每天清晨,我都会鼓励自己说:"今天将会有所不同。"但每一天都只不过是前一天的翻版。"你给他的比给我的多!""这是粉杯子,我要的是蓝色的。""这麦片真恶心,像呕吐出来的""他推我。""我根本没碰他!""我不回房间,你别管我!"

我被他们折腾得精疲力尽,想到了去加入一个父母小组(这是我以前没想到的)。我参加了这个小组在"地方儿童辅导中心"的一次讲座。主讲人是年轻的心理学家海姆·吉诺特(Haim Ginott)博士。他讲的主题是"孩子的感受",内容非常有趣。两个小时的课程很快结束了。当我回到家的时候,脑子里充满了新的想法,笔记本上也密密麻麻地记满了还没完全理解的新理念:

- 孩子的感受和他们的行为有直接的联系;
- 孩子有好的感受,就会有好的行为;
- 怎样让孩子感受好?那就是接受他们的感受!
- 常见问题:父母常常不认同孩子的感受。例如:

"你并不是真的那样觉得。"

"你是因为累了,才这么说。"

"你没必要这么难过。"

● 当孩子的感受被不断地否定时,会感到困惑和愤怒。这也是在暗示孩子不要去了解自己的感受,不要相信自己的感受。

听完讲座以后,我在想:"也许别的父母那样做,我不会是这样的。"后来,我开始留意自己的言行,发现事实上我也和他们一样的。下面是仅一天之内发生在我家里的对话。

孩子:妈妈,我累了。
妈妈:你刚睡过午觉,不可能累。
孩子:(大声)我就是累了!
妈妈:你不累,就是有点爱犯困,赶快换衣服吧!
孩子:(哭闹)不,我累了!

孩子:妈妈,这儿好热。
妈妈:这儿冷,穿上毛衣。
孩子:不,我热。
妈妈:我说过了"穿上毛衣!"
孩子:不,我热。

孩子:这个电视节目真无聊。
妈妈:不会吧,多有意思啊。
孩子:这个节目真傻。
妈妈:不对,这多有教育意义。
孩子:这个节目真烂!
妈妈:不许你这么说话!

## 第 1 章　帮助孩子面对他们的感受

大家看出问题来了吗？我们所有的对话最终都演变成了争吵，并且，我在一遍又一遍地告诉我的孩子不要相信他们自己的感受，而要依靠我的判断。

意识到自己的做法后，我决心改变自己，但并不知道该怎样开始。后来对我最有帮助的做法就是：站在孩子的立场，理解他们。我问自己："假设我就是那个感觉累或者热或者无聊的孩子，希望让那个对我的生活至关重要的成人理解我的感受，会是什么样？……"

随后的几个星期里，当我试着了解孩子可能会有的感受时，我说话的方式也随之改变了。我并没有刻意使用一种说话技巧，而是发自内心地体会孩子的感受："虽说你刚睡过午觉，但你仍感觉累。"或者"我觉得冷，但你觉得这里很热。"又或者"你好像对这个节目不感兴趣。"不管怎么说，我们和孩子是两个独立的个体，有着不同的感知系统，都有各自真实的感受，没有对错之分。

我的新方法在开始的那段时间内非常见效。我和孩子们的争吵也明显少了。直到有一天，女儿说："我讨厌外婆！"我脱口而出："这样说外婆，太不象话了！其实你也不是故意的。我不想再听到你这样说。"

这件事情让我重新反省自己。孩子的大部分感受我已经可以接受，但如果孩子们说的话让我生气或者焦虑时，我立刻恢复到了从前的自己。

之后，我意识到自己的反应也并非个别。在接下来的例子中，可以看到孩子们的话经常会立刻遭到父母的否定。请大家大致思考一下父母在遇到这些情形时，会说什么话来否定孩子的感受。

1. 孩子：我不喜欢弟弟/妹妹。
   家长：(否定感受) _____
   _____

_____
_____

2. 孩子：我的生日宴会没意思。(之前你为孩子的生日宴会费了很多心思。)

   家长：(否定感受)_____
   _____
   _____

3. 孩子：我不想再戴牙套了。太疼了。我才不管牙医怎么说呢！

   家长：(否定感受)_____
   _____
   _____

4. 孩子：我快疯了！只不过就迟到了两分钟，体育老师就不让我参加练习了。

   家长：(否定感受)_____
   _____
   _____

你的答案有可能是：

"不是这样的。我知道你心里喜欢她。"

"说什么呢？你的生日宴会多棒啊。有冰淇淋、生日蛋糕、气球。你

### 第 1 章 帮助孩子面对他们的感受

以后不会再有这样的生日会了!"

"你的牙套哪至于那么疼。为了你的牙,我们已经花了很多钱了,不管你愿不愿意都得戴!"

"你没有资格生老师的气。那是你的错,你本来就应该准时上课。"

这些话对我们来说很容易说出口。但是孩子听了以后会有什么感觉?下面的练习可以帮助了解到如果我们的感觉被别人忽略,那么我们的内心会有什么样的反应。

## 练 习

在工作中,你的老板安排你做一项额外的工作,并且要当天完成。你知道应该赶快去做,但是一连串的急事让你把老板交代的工作忘得干干净净。这一天你忙得连午饭都没吃。

当你和同事们都准备下班回家时,老板来找你,你赶快向老板解释,你今天实在太忙了。

老板打断你,生气地对你大吼:"我不想听你的解释!我花钱用你不是让你整天坐着无所事事!"当你正要再向老板解释时,他说:"别说了!"然后径直朝电梯走去。

同事们装做没听见。你收拾好东西离开公司。在回家的路上,你遇到一位朋友,因为心里很郁闷,你想把刚才发生的事情告诉朋友。

朋友试着来"帮"你,他用了八种方式。请你每读到一种方式时,把当时的"本能"反应写下来。(反应没有对错之分,只要是你的真实感受。)

1. 否定感受:"这没什么。不值得你这么郁闷。你可能只是累了,才小题大做的。其实,情况没你想象的那么糟糕。来,笑一笑,你笑起来真好看。"

   你的反应:＿＿＿＿＿＿＿＿＿＿＿＿＿＿＿＿

   ＿＿＿＿＿＿＿＿＿＿＿＿＿＿＿＿＿＿＿＿＿＿＿

_____

_____

2. 讲大道理:"生活就是这样的。不如意之事常常会有。要学会看开些,世上没有绝对完美的事情。"

   你的反应:_____

   _____

   _____

   _____

3. 给出建议:"我告诉你该怎么做。明天一早直接到老板办公室,对他说:'我错了。'然后赶紧把老板交代的活儿干完。别去理会其他小事。明智点,想保住那份工作的话,最好别再让类似的事情发生了。"

   你的反应:_____

   _____

   _____

   _____

4. 提问:"是什么急事让你竟然把老板交代的活儿给忘了?""你不知道如果不马上做,老板会生气吗?""以前发生过这样的事情吗?""他离开的时候,为什么不追过去再解释一下?"

   你的反应:_____

   _____

   _____

   _____

第 1 章　帮助孩子面对他们的感受

5. 偏袒对方:"我能理解老板的反应。他可能压力太大。他没有天天对你这样,已经不错了。"

   你的反应:_____
   _____
   _____
   _____

6. 过分同情:"真可怜。真是太糟糕了。我真为你难过,我都想哭了。"

   你的反应:_____
   _____
   _____
   _____

7. 业余心理医生:"你想到过没有,你这么难过,是因为老板在你的生活中,充当着父亲的角色?小的时候,你可能总是害怕让父亲失望,所以当老板斥责你时,又把你带回到了早年害怕被否定的感觉。对吗?"

   你的反应:_____
   _____
   _____
   _____

8. 产生共情(试图了解对方的感受):"今天对你来说真是糟糕的一天。承受了这么多的压力,又在同事面前挨老板训,心里一定不好受。"

你的反应：_____
_____
_____
_____

你已经了解到了当听到这些常见的说话方式时,你的内心感受是什么样的。我愿意在这里进一步分享一下我的个人感受。当我在难过或者受到伤害时,我最不想听到的就是建议、大道理、心理分析或者别人的看法,那样只能让我感觉更差。过分同情让我觉得自己太可怜；提问让我产生防范心理；最激怒我的是说我的感受毫无道理。这时候我通常的反应就是:"算了吧,再说下去还有什么意思？"

如果有人能真正愿意倾听,认同我内心的伤痛,给我机会让我多说说我的困扰,我会感觉没那么郁闷和困惑,也更能处理好自己的情绪和面临的问题。

我还可能会对自己说:"老板平时还是不错的……我当时应该马上认真处理那份报告……但我也不能假装这件事情没发生……好吧,明天早点到公司,先把报告写完……不过,到他办公室交报告的时候,我还是要让他知道,他昨天那样对我说话,让我很难过……另外,也让他知道,以后他对我有看法,最好单独和我谈。"

这个过程对我们的孩子也同样适用。如果我们也能倾听孩子,与他产生共情,那么也能有助于孩子自己解决问题。但是,我们不是天生就会说产生共情的语言的,因为它不属于我们"母语"的一部分。我们大部分人在自己的成长过程中,都有感受被否定的经历。为了能流利地说出这种接纳他人的"新语言",我们需要不断地学习和操练。下面几种方法可以帮助孩子面对他们的感受。

## 第 1 章　帮助孩子面对他们的感受

> **帮助孩子面对他们感受的四个技巧：**
> 1. 全神贯注地倾听。
> 2. 用"哦……""嗯……""这样啊……"来回应他们的感受。
> 3. 说出他们的感受。
> 4. 用幻想的方式实现他们的愿望。

接下来，通过漫画，我们可以看到面对孩子苦恼时，这些新方法和我们以前常用的方法的比较。

# I 全神贯注地倾听代替心不在焉

## 全神贯注地倾听

如果家长能真正倾听孩子的叙述，孩子就能容易地表达他们面临的困境。有时候，我们甚至什么都不用说。孩子需要的是我们能与他们产生共情。

## 提问和建议

当孩子被提问、责怪、建议的时候，很难有清晰的思路和积极的态度去想问题。

Ⅱ 用"哦……""嗯……""是这样啊……"
来回应他们的感受代替提问和建议

以关心的态度,使用"哦……""嗯……""是这样啊……"这样简单的话来回应孩子。孩子就能在叙述的过程中,整理自己的思路和感受,从而有可能自己找到解决办法。

### 否定孩子的感受

奇怪的是,我们越是想让孩子摆脱不好的感受,不管我们的态度多好,孩子也只会越难过。

## III 说出孩子的感受代替否定感受

父母通常不会这样做，是因为他们担心说出孩子的感受会让孩子更难过。其实相反，当孩子听到这些话时，心里会感到安慰，会感觉到有人能理解他们内心的感受。

## 逻辑上的解释

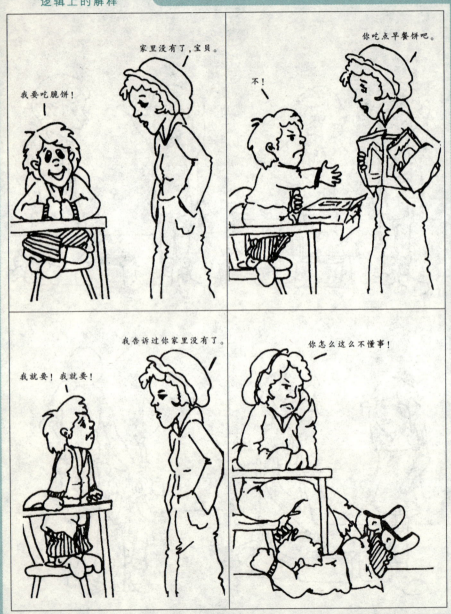

当孩子想要一样我们没有的东西的时候,家长往往给孩子解释为什么没有。但常常是我们越解释,孩子越不听。

## Ⅳ 用幻想的方式实现他们的愿望代替逻辑上的解释

### 用幻想的方式实现愿望

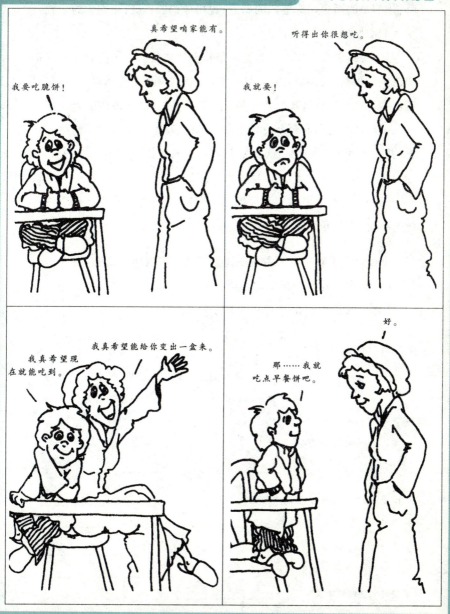

有时候,孩子对某种东西的渴望心情一旦得到了理解,他们就能比较容易接受现实。

我们已经了解到了帮助孩子摆脱苦恼的四个技巧:全神贯注地倾听;用简单的话语回应他们的感受;说出他们的感受;用幻想的方式实现他们的愿望。

其实,比语言的技巧更关键的是我们的态度。如果我们没有真正和孩子产生共情,无论我们说什么,在孩子眼里都是虚伪的,都是想对他们进行操控。只有我们真正与孩子有共情,才会打动孩子的内心。

在漫画所描述的四个技巧当中,最难的恐怕是倾听孩子情绪的宣泄,并说出他们的感受。这需要我们不断地演练,才能看到孩子的内心,从孩子的叙述中确定他/她的真实感受。

说出孩子的内心感受非常重要。一旦孩子知道他们正在经历什么样的感受,便能开始着手帮助自己。

下面是孩子对家长的六种叙述。请从这些叙述中找出:
1.一两个描述孩子感受的词语;
2.用一句话表达你理解了孩子的感受。

## 承认孩子的感受

| 孩子说 | 一两个描述孩子感受的词语。 | 用一句话表达你理解了孩子的感受。 |
|---|---|---|
| 孩子说:"汽车司机对我大吼,车上的人都笑话我。" | 尴尬 | "那一定很尴尬。"或者"好像让你很尴尬。" |
| 1.孩子说:"我真想打迈克尔一巴掌!" | _____ | _____ |
| 2.孩子说:"就因为下了点小雨,我们老师就取消了校外活动。她真蠢!" | _____ | _____ |

3. 孩子说:"玛丽请我参加她的聚会,但我不知道该不该去……"  _____

4. 孩子说:"我搞不懂老师为什么非要周末给我们布置这么多作业,把我们累垮。"  _____

5. 孩子说:"我们今天有篮球练习,我一次也投不中。"  _____

6. 孩子说:"珍妮搬家了,她是我最好的朋友"  _____

大家是否注意到,让孩子知道你理解了他/她感受并不是件容易的事情。我们不会很自然地说出这样的话:

"孩子,你好像很生气!"

"对你来说,一定很失望。"

"嗯,你好像有些犹豫要不要参加这个聚会。"

"听起来你有些讨厌这些作业。"

"那一定太让人感到泄气了。"

"好朋友搬走了是挺难过的。"

这些叙述方式对孩子是一种安慰,能帮助他们从情绪中释放出来,面对问题。当你用一个词来说出他们的感受时,不必担心孩子听不懂。因为在特定的场景中更容易理解一个新词。

或许你会问:"在这些练习中,我已经能或多或少表达出我理解了孩子的感受,但是回到家里这样的谈话该怎么继续?接下来,我可以给孩子建议吗?"

尽管给孩子建议看上去能帮助他们解决问题,但还是不要急于给出建议：

"妈妈，我累了。"

"那就躺下歇会儿。"

"我饿了。"

"那就吃点东西。"

"我不饿。"

"那就别吃。"

不要希望凡事都能"立竿见影"。要接纳和回应孩子的感受，而不是给出建议。

下面这位父亲的讲述能很好地印证我的观点。有一天，他的儿子气愤地回到家里，说出了和刚才的练习一样的话："我真想打迈克尔一巴掌！"通常他们的对话会是这样：

儿子：我真想打迈克尔一巴掌！

父亲：为什么？怎么了？

儿子：他把我的笔记本扔到了垃圾箱里！

父亲：你是不是先招惹他了？

儿子：没有！

父亲：真没有？

儿子：我发誓，我根本没碰他。

父亲：那好。迈克尔是你的好朋友。听我的，别计较这件事。再说了，你自己也有毛病。有时候，你也欺负弟弟，然后还责怪别人。

儿子：我没有。是他先动手的……不和你说了。

庆幸的是这位父亲刚刚参加了"如何帮助孩子面对他们的感受"的讲座，下面是发生在他家里的真实情形：

儿子：我真想打迈克尔一巴掌！

父亲:孩子,你生气了?

儿子:我真想狠狠地打他那张肥脸!

父亲:你这么生他的气啊?

儿子:你知道那个坏家伙干了什么吗?在车站他无缘无故抢走我的笔记本,扔到了垃圾箱里!

父亲:嗯!

儿子:我猜他怀疑是我在美术教室把他捏的鸟弄碎的。

父亲:你这样想啊。

儿子:是啊。他哭的时候,一直盯着我。

父亲:哦。

儿子:但不是我弄碎的。真的不是我。

父亲:你知道不是你。

儿子:我不是故意的。那个蠢德彼把我推倒在课桌上的时候,我根本没办法。

父亲:德彼推了你。

儿子:是啊。好多东西都掉地上了,但只有那个鸟碎了。我没有故意摔碎它,他捏的鸟挺好的。

父亲:是,你真的没有故意弄碎它。

儿子:没有。但他不相信我。

父亲:你觉得你告诉他真相,他也不会相信你吗?

儿子:我……我应该告诉他,不管他信不信。我觉得他也应该向我道歉,不该把我的本扔到垃圾箱里。

这位父亲很惊讶地发现,他并没有提任何问题,孩子竟然把事情的原委都告诉了他。他也没有给孩子任何建议,孩子自己就找到了解决方法。他甚至不敢相信,他只是倾听孩子说话、回应他的感受,就对孩子有这么大的帮助。

一些书面的对话练习与回到家里面生活中的真实情形会有所不同。因此，在面对家里的真实情形之前，做一些角色互换练习会对我们有所帮助。

你可以和朋友或配偶做下面的角色互换练习。选择谁扮演孩子，谁扮演父母。每个人只说自己所扮演角色的那部分台词。

### 扮演孩子（角色练习）

Ⅰ. 医生说你体质过敏，需要每周都打针，才能止住打喷嚏。打针的时候，有时候很疼，有时候几乎感觉不到。今天，你觉得打针很疼。离开医院后，你想告诉父母你的感觉。

父母会用两种方式回应你。第一种方式是否定你的感觉。但是你还是要尽量让父母去理解你的感受。对话结束后，体会一下自己的感受，然后和扮演父母的一方分享。

场景开始，你捂着胳膊说："医生今天打针疼死我了！"

Ⅱ. 场景一样，只不过这次父母用不同的方式回应。同样，对话结束后，体会一下自己的感受，和对方分享。

场景开始，你捂着胳膊说："医生今天打针疼死我了！"

两次场景练习后，你也可以换个角色，站在父母的立场体验一下。

### 扮演父母（角色练习）

Ⅰ. 你每周都要带孩子去打过敏针。你知道孩子害怕打针，也知道大多数情况下，其实就疼那么一小会儿。今天带孩子离开医院后，他向你抱怨打针太疼。

你在这个场景中演两次。第一次是通过否定他的感受来让他停止抱怨。用下面的表达形式（你也可以根据自己的意思发挥）：

## 第1章 帮助孩子面对他们的感受

"得了吧,哪至于那么疼。"
"你就爱虚张声势。"
"你哥哥打针的时候就从来不抱怨。"
"你最好能适应打针。反正每周你都得来。"
对话结束后,体会一下自己的感受,和扮演孩子的一方分享。
由孩子来开始对话。

Ⅱ. 场景一样,这次用真正倾听的方式。不管孩子怎样表达他们的感受,都去倾听并接受。例如:
"听起来还真疼。"
"一定很疼。"
"哦,这么糟糕啊!"
"你是不是希望这疼痛发生在你最讨厌的人身上。"
"一周又一周地来打针真不容易。你一定希望再也别来了。"
对话结束后,体会一下自己的感受,和扮演孩子的一方分享。
再次由孩子来开始对话。

**两次场景练习后,你也可以换个角色,站在孩子的立场体验一下。**

扮演孩子时,你有没有发现当你的感受被搁置一边或者被否定时,你会越来越生气。一开始你是为打针疼生气,到后来变成了生你父母的气?

扮演父母时,你越想让孩子停止抱怨,你就越被这个无理取闹的孩子激怒。

感受被否定时,结局往往都会是这样。孩子与父母之间越来越走向敌对。

对于父母:当接受孩子的感受时,是否感觉冲突在你们的互动当中被化解了?是否体验到真诚帮助的力量?

对于孩子:当你的感受被接受时,是否感到自己被尊重?更爱你的父母?当有人能理解你有多疼的时候,好像更容易能承受疼痛。下周你还会去面对打针这件事吗?

我们能理解孩子的感受,对孩子来说是很大的帮助。深入到孩子的内心,帮助他们了解自己最真实的想法。孩子一旦清楚了自己内心的想法,他们就能集中精力来应对出现的问题。

## 作 业

1. 本周至少有一次用接纳孩子感受的方式和孩子谈话。在空白处记下让你仍记忆犹新的话。

孩子:_____

父母:_____

孩子:_____

父母:_____

孩子:_____

父母:_____

孩子:_____

2. 读本章的第二部分,你会了解到其他一些关于技巧、常见问题以及来自其他家长的实际经验。

时刻提醒自己（Ⅰ）

## 帮助孩子面对他们的感受
孩子需要他们的感受被接纳和尊重

1. 安静专心地倾听。

2. 用简单的词语回应他们的感受。
   "哦……嗯……原来是这样……"

3. 说出他们的感受。
   "这件事让你很灰心！"

4. 用幻想的方式实现他们的愿望。
   "真希望我能立刻把香蕉变熟了给你吃！"

所有的感受都是被接纳的，但某些行为必须受到限制。

"我看出你很生弟弟的气。用嘴巴告诉他你将怎么做，而不是用拳头。"

注：把本书里这样的提醒抄下来，贴在家里显眼的地方，会对大家很有帮助。

# 第二部分：常见问题、注意事项以及来自家长的故事

## 常见问题

**1. 是不是任何时候都要和孩子产生共情？**

不是的。在日常生活中，我们与孩子的对话大多都是些生活琐事。比如：孩子说："妈妈，我今天放学后要去大卫家。"这时候，妈妈没必要回答他："哦，你决定下午去朋友家啊？"只需要简单地说："谢谢你告诉我。"就足够了。只有当孩子期望我们了解他们感受的时候，再和孩子产生共情。回应孩子的正面感受其实并不难。比如：孩子兴奋地告诉你："我今天数学考了 97 分！"家长只需要用同样的语气回应他："97 啊！你一定很开心噢！"

当面对孩子的负面感受时，则需要我们使用沟通技巧。我们需要抛弃以往常用的忽略、否定、说教的方式。一位父亲坦言，当他开始设身处地地把儿子的伤心、难过等负面感受想象成儿子身体上的伤痛，他对儿子的情感需求就越敏感。他意识到孩子的心理感受和身体一样需要得到及时认真地关注。

**2. 如果直接问孩子："你为什么会觉得那样？"有什么错吗？**

有的孩子能告诉我们为什么他们惊恐、生气、不开心。但多数情况下，"为什么"只会给他们增加难题。因为这需要他们基于原有的难过心情，分析原因，然后总结出一个合理的解释。很多时候，孩子并不知

道他们为什么生气或难过。也有的时候，孩子不敢说出他们的理由，因为他们担心在大人眼里，他们说出的理由不够充分——"就为这点小事哭啊？"

当孩子难过的时候，我们说"看起来你好像很难过。"对孩子会很有帮助。而不是"怎么了？"或者"你为什么有那样的感受？"。孩子更容易和一个接纳他们感受的成人沟通，而不是逼着他们作出解释。

3. 我们应该让孩子知道我们认同他们的感受吗？

孩子并不需要我们认同他们的感受，而是需要我们回应和了解他们的感受。类似"你做得对"这样的回应方式，也许能让孩子得到暂时的满足，但是，却妨碍了孩子对自己的反省。

例如：

孩子：老师说要取消我们的表演。她真讨厌！

家长：你们彩排了很多次了！你说得对。她就是够讨厌的！

对话结束。

相反，从下面的对话方式中，可以看出：如果接纳孩子的感受，就能让孩子积极地思考问题。

孩子：老师说要取消我们的表演。她真讨厌！

家长：那你一定很失望。你期待了那么长时间！

孩子：是啊。就因为彩排的时候，有几个同学捣乱。那也是他们的错啊！

家长：（安静地听）

孩子：而且大家都不知道自己该演什么。老师很生气。

家长：原来是这样啊。

孩子：她说如果我们好好演，就再给我们一次机会……我最好还是再复习一次我那部分。你今天晚上提醒我,好吗?

总结:所有年龄段的人在情绪低落的时候,都不在乎别人是否同意,需要的只是有人能理解我们正在经历的事情。

4.让孩子知道我们理解他很重要,能否简单地说"我了解你的感受"?

如果只是简单地说"我了解你的感受",孩子并不相信你。他们可能会说"不,你根本不了解!"但是,如果能把问题细化(比如:上学的第一天是有些紧张,那么多新东西需要去适应),那么孩子就知道你真正理解了他。

5.我试图说出孩子的感受,结果弄错了,该怎么办?

没有关系。孩子会很快把你纠正过来的。

例如:

孩子:爸爸,我们的测验推迟到下周了。

爸爸:那你就可以轻闲几天了。

孩子:不,我不高兴。同样的功课还得再学一个星期。

爸爸:哦。你是希望赶快考完。

孩子:对了!

我们不可能要求自己每次都能对他人的感受做出准确的判断。我们能做的就是尽量去理解孩子的感受。虽然不一定每次都成功,但孩子能体会到我们的努力。

6.我知道应该接纳孩子的感受,但是,当我听到自己的孩子说:"你讨厌"或者"我恨你"时,我不知道该如何作出反应。

如果"我恨你"这样的话让你感到难过,你也应该让孩子知道你的感受。"我不喜欢我刚才听到的话,如果你对什么事情生气了,可以用另外的方式告诉我。也许我能帮你。"

**7. 如果孩子特别难过,他根本不想让你理解他的感受,有什么方法能应对吗?我的儿子一点都不能忍受挫折。当我说:"这一定让你很失望!",偶尔能对他有些帮助。但通常情况下,当他情绪不好的时候,根本什么都听不进去。**

我们父母小组里的家长发现,当孩子处于极度难过的时候,身体上的发泄可以帮助他们缓解痛苦。我们听说过很多孩子生气的时候,砸枕头、摔旧纸箱、捏陶泥、大吼大叫、扔飞镖,之后,他们就会慢慢安静下来。有一个方法能既让家长感觉舒服,又能让孩子满意,那就是画出他们的感受。下面的例子接连发生在一周之内:

  我刚刚结束了家长讲座回到家,就看见我3岁的孩子躺在地板上发脾气。我丈夫正站在边上生气地看着他。他说:"好了,儿童专家回来了,看看你能不能处理这个情况吧。"我当时觉得,自己必须得应对这个挑战了。我低头看了看乔舒亚,他正乱踢乱叫。我拿起电话边上的铅笔和便笺,蹲下来,递给他,对他说:"来,告诉我你有多生气。把你的感受画出来。"

  乔舒亚立刻跳起来,开始生气地画着圈。然后递给我说:"这就是我有多生气!"

  我说:"你真的是非常生气!",又抽出一张纸递给他。对他说"再画给我看看。"

  他激动地在纸上乱画。我又对他说:"儿子,这么生气啊!"接着,我们又重复刚才的过程。当我递给他第四张纸的时候,他已经安静了许多。他看了很长时间,然后说:"现在,我想画我高兴的感觉了。"于是,他画了一个圈,两只眼睛和一张笑嘴巴。这简直让我不可思议!仅仅是因为我让他画出他的感受,在两分钟之内,他竟然从歇斯底里变成了面带笑容。后来,丈夫对我说:"继续参加你的学习小组吧。"

后来,另一位母亲也给我们讲述了她使用这个技巧的亲身经历。

当我上周听了乔舒亚的故事后,我就在想,多希望能把这个经验用在托德身上呢?托德今年也是3岁,患有脑瘫。对正常孩子很容易做的事情,比如:站稳、伸直头这样的动作,对托德来说却很难。其实,他已经有很多进步了,但还是很容易沮丧。每次他试着做一些事情又没做成时,就会大叫好几个小时。我简直拿他没办法。最糟糕的是,他还踢我、咬我。我猜他可能觉得是我把他弄得这么难过。他几乎一天到晚都在生气。我应该为他做点什么呢?

上周结束了讲座后,在回家的路上,我就想:在他发怒之前,我最好能提前有所准备。那天下午他在玩拼图。那个拼图很简单,由几个大拼块组成。但是他还是不能把最后一块拼好,试过几次之后,他的脸色有些不对劲。我想:"糟糕,情况不妙了!"我立刻跑过去,对他喊:"拿住了!……别动!……我去拿一样东西过来!"他吃惊地看着我。我连忙地从他的书架上找来一只紫色的笔和画画纸,和他一起坐在地上,一边使劲地在纸上"噌噌"地画线,一边对他说:"托德,你生气的感受是不是就是这样的?"

"是的。"他从我手中夺过笔,也疯狂地在纸上画线,然后,还不停地在上面戳孔,直到那张纸全都被戳满了孔。我把纸对着光线,说:"你这么难过……你的确很生气!"他抢过纸来，哭了起来，又把纸一点一点地撕成了一堆碎纸屑。最后，他抬头看着我说："妈妈，我爱你。"这可是他第一次对我说这句话。

后来，我又用过这一招，但不是每次都见效。我得找些其他的东西给他发泄，比如拳击沙袋之类的东西。通过这件事，我意识到：最重要的是当他砸东西、摔东西或者乱画时，我能在他身边，让他知道即使是最极端愤怒的感受也是被接纳和理解的。

**8. 如果我接纳孩子的所有感受，是不是意味着他做的任何事情都是对的？我不想成为一个溺爱孩子的父母。**

一开始，我们都会担心成为溺爱孩子的父母。但是，我们渐渐地会意识到只有当孩子的所有行为都被许可时，才会变成溺爱。例如：当孩子用叉子在黄油上乱画时，对他说"这样挺好玩的吧？"随后，当你拿走黄油时，应该让你的"艺术家"儿子知道："黄油不是用来玩的，如果你想搞艺术，可以用你的雕塑泥。"接纳孩子的感受并不意味着允许他做你不能接受的事情。

我们发现孩子的感受被接纳和理解了，他们也就比较能够遵守我们为他们设立的界限。

**9. 当孩子遇到问题时，我们给他提供建议有什么不好吗？**

当我们给孩子提供建议或者立刻见效的解决方法时，其实，我们也就剥夺了他们自己去面对问题、解决问题的过程。

那么到底有没有提供建议的机会呢？当然有！

关于什么时候以及如何给孩子提供建议的详细讨论参见第四章"关于提建议"一节。

10.当我意识到对孩子的反应并没有正确应对时,该怎么办?昨天,我的女儿从学校回来很不开心。她想告诉我在学校,有同学在操场作弄她。我当时很累,正干着别的事情,也没多管她,就让她别哭了,告诉她这也不是世界末日。她很生气,就回自己屋了。我知道自己弄糟了。现在该怎么弥补?

当你对自己说:"我把事情弄糟了,我为什么不加思考就那么说……"这时候,意味着你还有机会。和孩子相处的日子很多,我们总会找到机会对孩子说:"我想了想,你刚才告诉我同学在操场捉弄你的事情,是挺生气的。"

或早或晚,我们和孩子产生共情总能被孩子体察到的。

## 注意事项

**1.孩子通常会反感自己的话被完全的重复。**

例如:

孩子:我再也不喜欢大卫了。

家长:你再也不喜欢大卫了。

孩子:(有些不耐烦)我刚刚说过的。

孩子不喜欢一些鹦鹉学舌式的回应。他更期望听到:

"大卫做了什么事情烦你了?"或者

"看来你真的讨厌他。"

**2.对于大一点的孩子,他们不开心的时候根本不想说话。这时候,父母陪在他们身边就足够了。**

一位妈妈给我们分享了她和女儿的故事。一天,她回到家里,看到10岁的女儿坐在沙发上,情绪低落,眼里含着泪。妈妈在她边上坐下,搂着她,小声说:"出了点事哦。"然后安静地陪女儿呆了5分钟。最后女儿叹了口气,对妈妈说:"谢谢妈妈。我现在好些了。"妈妈一直也不

第 1 章　帮助孩子面对他们的感受

知道女儿发生了什么事情,只知道女儿难过的时候,自己的出现对她就是一种安慰。一个小时后,她就听到女儿在自己房间里哼起了小曲。

**3. 有时候,当孩子表达强烈的感受时,父母"冷淡的"的反应(尽管是"正确的")也会激怒孩子。**

一个青少年在我们的讲座上提到,有一天下午,她很生气地回到家,因为她最好的朋友泄漏了她的个人隐私。她把事情告诉了妈妈,没想到妈妈很轻描淡写地说了句:"你生气了。"女儿忍不住用讽刺的语气回敬说:"别开玩笑!"

我们问这个孩子,她期望妈妈怎么说,她想了一会,说:"不是她说的话怎么样,而是她说话的方式让我受不了。就好像她在谈论一个与她毫不相干的人似的。我想让她站在我的立场。如果她能说:'辛迪,你一定非常生她的气。'那么我会觉得她能理解我。"

**4. 父母反应过度对孩子也是没有帮助的。**

例如:

孩子:(埋怨)史迪文让我在街角等了他整整半个小时,还编借口骗我。

妈妈:真是不能原谅!他怎么能对你这样?也不替别人考虑,太没责任心了。你一定再也不想见到他了。

孩子可能对朋友行为的反应并没有那么强烈,也不会想到去报复。他只是想让妈妈能理解他,适当附和一下,来分担朋友的行为带给他的不快。妈妈的过度反应反而给他增加了额外的负担。

**5. 父母不要重复孩子对他们自己的负面评价。**

当孩子说自己声音不好听或者太丑太胖时,父母最好不要这样回应:"哦,你觉得你的声音不好听啊。"或者"你真的认为自己很丑啊。"我们不要附和孩子对他们自己的负面评价。我们只需接受他们对自己负面评价时的感受。

例如:

孩子:老师说我们每天只需要花15分钟时间复习数学就够了。但我花了整整一个小时才弄完。我真笨。

家长:花的时间比预期的要长,是容易让人感到气馁。

孩子:我笑起来真难看,光看见牙套了。我太丑了。

家长:你真的不喜欢你的样子啊,但对我来说,不管你戴不戴牙套,我都觉得你看起来很阳光。

---

我们希望这些忠告不至于把你吓倒。从现在开始你也领悟到了,处理孩子的感受是一门艺术,而不是一门学科。基于多年的研究,我们相信父母通过不断的演练,就能掌握这门艺术。每过一段时间,你就会发现哪些是对孩子有帮助的,哪些不是;哪些能激怒孩子,哪些能让孩子得到安慰;哪些拉大了彼此间的距离,哪些让你们关系更亲密;哪些会对孩子造成伤害,哪些又能帮助孩子修复伤口。没有什么更能代替你自己的亲身体会。

## 家长的故事

我们对每一组学员都讲授同样的理念,但是,我们总能惊喜地发现,每个家长回到家里,又把这些理念在不同的场合充分地应用。下面的每一个故事都是来自家长的亲身体验(孩子的名字被隐去)。你会发现并不是这些家长说的话都是"标准答案",而是他们愿意倾听和接纳

## 第1章 帮助孩子面对他们的感受

孩子的感受让事情发生了变化。

前两个故事的家长告诉我们,他们简直不敢相信,当他们不再给孩子提建议时,孩子们竟然真的开始想方设法自己解决问题了。这位妈妈给她的故事起名为"听听我说得有多少!"

尼克,8岁,从学校回家说:"我想揍杰弗瑞!"

我:你真的生杰弗瑞的气了!

尼克:是啊!我们每次踢足球,我一拿到球,他就会说:"尼克,把球传给我,我比你踢得好。"你说能不让人生气吗?

我:是。

尼克:杰弗瑞以前不那样。一年级的时候,他挺好的。我觉得自从二年级的时候,克里斯来我们班,杰弗瑞就跟他学会了自以为是的毛病。

我:原来是这样。

尼克:我给杰弗瑞打电话,约他一起去公园玩。

---

我的儿子今年上一年级,不喜欢和别人争斗。看到他太软弱了,我也有意识地过度保护他。星期一,他从学校回到家,告诉我班上一个比他强壮的男孩,派人警告他明天要痛打他一通。我当时的第一反应完全是歇斯底里的:把他关在家里,教他所有能保证他不受伤害的自卫方法。

后来,我决定先认真听他说,并且只简单地回答:"嗯。"接着,道格拉斯开始絮絮叨叨地说起来:"我想出了三个对付他的策略。首先,我劝他别打架,打架是不文明的。其次,如果不见效的话,我就戴上我的眼镜,但是(他停下来,想了一会),如果他真的是欺软怕硬的话也没用,他一定是个欺软怕硬的家伙,因为我从来没和他说过话,他就想欺负我。最后,如果还不见效的话,我叫肯尼揍他。肯尼比他壮,他一见肯尼就得害怕。"

我非常吃惊,只回应他"哦。"他又说:"对……就这样……我已经有备无患了。"然后心情轻松地走出了房间。我对他的表现感到意外,我真没想到他能这么勇敢,能这么主动地解决自己的问题。所有这些仅仅因为,我安静地倾听,不打乱他的思路。

我什么也没对道格拉斯说,但也没有让事情任其发展。那天下午我给学校老师打电话,提醒她有可能发生的事情。她说给她打电话就对了,在现在的社会中,这些威胁不能被忽视。

第二天,我忍住不去问道格拉斯结果如何。但他对我说"妈妈,你猜怎么着,那个欺软怕硬的家伙今天一直就没敢靠近我。"

一些家长认为,以接纳的态度和孩子沟通时,能产生意想不到的"镇静"效果。我们以前用的"安静下来!"或者"住口!"等表达方式,只能更激起孩子的怒火。而用简单的话回应他们,往往能起到安抚的效果,也能神奇地改变他们的情绪。下面是一个父亲的例子。

我女儿荷利从厨房出来。

"李老师今天在体育课上对我大骂。"

"哦。"

"她冲着我大吼大叫。"

"看来她真的很生气。"

"她大叫:'你不应该那样打球,应该像我这样!'我怎么

第1章 帮助孩子面对他们的感受

能知道?她从来没教过我们怎么打球。"

"她冲你嚷嚷,让你生气了。"

"她让我很不开心。"

"无缘无故地冲你吼,是让人生气。"

"她根本没资格这么做!"

"你觉得她不应该对你大吼。"

"我简直让她气疯了。我真想把她做成玩具,狠狠地收拾她,让她也忍受痛苦。"

"……"

说着说着,荷利笑了,我也笑了起来。她谈到亭老师对他们大吼,实在是太愚蠢。然后又接着说:"不过我现在知道该怎么打球来让她满意了。"

如果是往常,我一定会说:"你一定做错什么了,她才对你大吼。下次老师纠正错误的时候,好好听着,你就知道该怎么做了。"她也一定会把门一摔,在房间里生气:遇到这么一个不可理喻的爸爸,外加一个可恶的老师。

场景:我家厨房

我刚刚把小婴儿哄睡着。伊万兴奋地从托儿所回来,他要去查德家玩。

伊万:嗨,妈妈,走,我们现在去查德家玩!

妈妈:妮娜(小婴儿)刚睡着,我们待会去。

伊万:(有些失望)我现在就想去。你说过我们要去的。

妈妈:要不我陪你骑车过去?

伊万:不!我要你陪着我。(开始歇斯底里地哭)我现在就
　　　要去!(他拿起刚从学校带回来的画,揉烂了,扔进

　　　　垃圾箱。)

妈妈:(我用技巧的时候到了)好孩子,这么生气啊!把画都
　　　　扔了。盼着和查德玩,可是妮娜在睡觉。真让你失望。

伊万:是啊。我真的想去查德家玩。(停止了哭泣)妈妈,
　　　　我能看电视吗?

妈妈:当然可以。

❀❀❀

场景:爸爸准备去钓鱼。4岁的丹尼尔也要跟着去。

爸爸:好了,宝贝。你可以跟着去,但是我们今天会在外
　　　　面待很长时间,今儿早上还特凉。

丹尼尔:(脸上慢慢变得有些困惑,有点犹豫地回答。)我
　　　　改主意了……我想待在家里。

爸爸离开两分钟以后,丹尼尔开始哭了。

丹尼尔:爸爸把我留在家里,他明明知道我想去!

妈妈:(手上正干着活,心情不在状态)丹尼尔,是你决定
　　　　待在家里的。你真烦人。我不想再听你哭了。要哭
　　　　回你自己屋里哭去。

他跑回自己屋里哭去了。

几分钟过去,妈妈决定用新的方法试试。

妈妈:(走进丹尼尔的房间,坐在他床上)你真的想和爸
　　　　爸一起去,是吗?

丹尼尔不哭了,点点头。

妈妈:爸爸说外面很冷的时候,你觉得很困惑,不知道该
　　　　怎么办了。

他又点点头,擦干眼泪。从眼神里能看出他已经得到了
一些安慰。

第1章 帮助孩子面对他们的感受

妈妈:你觉得你没有足够的时间来做决定。

丹尼尔:是的。

这时候,我搂了搂她。她从床上跳下来,跑出去玩去了。

让孩子知道他们是可以同时拥有两种完全不同的感受,将有助于他们的成长。

在小婴儿出生以后,我总是对保罗说他喜欢小弟弟。保罗也总是摇着头说:"不……!不……!"

后来,我对保罗说:"在我看来,你对小弟弟有两种感受。有的时候,你觉得有个弟弟很高兴,看着他挺好玩的。有的时候,你不喜欢他,你希望他走开。"

保罗喜欢听到这些。现在至少每过一周,他都会找我来:"妈妈,给我讲讲那两种感受。"

有些父母在掌握了针对孩子的沮丧、失望情绪的技巧后,就会感到特别欣慰。他们知道不必去承担孩子的不快,并进而转化为自己的不快。一位母亲说:"我现在开始意识到了,我完全没有必要把孩子是否高兴的压力转嫁到自己身上。有一次,为了不让孩子继续哭闹,我用胶带把碎了的饼干粘起来,这样做确实太不好了。同时,我知道了,这样做也增加了孩子的负担。想一想:原有的问题已经让他们够难过的了,看到我也在忍受他们的痛苦,会更加重他们的痛苦。我的妈妈以前就常常对我这样做,让我很内疚——好像如果我不是整天都高兴,就有问题似的。我想让我的孩子知道,他们有权利伤心难过,妈妈不会因此崩溃的。"

我的儿子瑞恩浑身是泥,面带沮丧地回到家。

爸爸:我看到你裤子上都是泥。

瑞恩:嗯。我玩橄榄球了。

爸爸:比赛不顺利吧?

瑞恩:是啊,我不会玩。我太弱了,连杰瑞都能把我撞倒。

爸爸:被撞倒一定很难过。

瑞恩:是啊,我希望我能强壮些。

爸爸:你希望自己能有终结者阿诺的体格……或者能跑得像吉姆·布朗那么快。

瑞恩:对啊,那样我就可以把他们撞倒了。

爸爸:你能把攻击线的球员都撞倒。

瑞恩:这样我就可以乘机往前跑。

爸爸:你跑得很快啊。

瑞恩:我也会传球。我短传好,但我不会长传。

爸爸:你跑得又快,又会传球。

瑞恩:对,我能打得更好。

爸爸:你觉得你能打得好。

瑞恩:下次,我会打好的。

爸爸:你知道会的。

通常,我会这样对瑞恩说:"你是个好选手,就一场球没打好。别担心,下次一定行。"他或许会很生气,回自己房间去了。

在这个小组里我体会到了太多的东西。你越想让孩子摆脱不愉快的感受,孩子越沉浸在其中;相反,你越能坦然地接受他们不好的感受,孩子越容易摆脱烦恼。大家可能会说,如果你想要一个幸福的家庭,就要允许家人在家里表达不满。

## 第1章 帮助孩子面对他们的感受

汉斯曾经有过一段最艰难的时期。他的一个老师对他很刻薄,他也不喜欢他的老师。每次他对自己不满意、心情沮丧的时候(他通常都会把学校受到的压力带回家),就说自己是"笨蛋",他感觉好像没有一个人喜欢他,都说他是"笨蛋"似的。

有一天晚上,我丈夫坐汉斯边上,情真意切地和他谈话:

弗兰克:(温柔地)汉斯,你不笨。

汉斯:我太笨了。我就是笨,就是笨。

弗兰克:但是,汉斯,你真的不笨。知道吗,你是我认识的8岁小孩里最聪明的孩子。

汉斯:我不是,我就是笨。

弗兰克:(仍然很温柔地)你不笨。

汉斯:我就是笨。

他们的谈话就这样继续着。我不想插手,又实在听不下去,只好离开房间。还好,弗兰克一直没有情绪失控。但汉斯上床睡觉的时候,依然骂自己太笨,情绪依然不好。

我跟着他进了房间。他整整一个下午和晚上都在烦我,我觉得自己实在受不了。看到他生气地在床上躺着,嘴里说着自己是大笨蛋,每个人都讨厌他,我就走了过去,坐在床边,这时候,我已经是精疲力竭了。突然,在课堂上的一句话在我脑中闪过,我近乎机械地说:"你觉得很难过,是吗?"

汉斯不再说自己笨,他安静了一会,说:"是啊。"他的反应给了我继续和他沟通下去的力量。我开始很随意地聊起他以前做得不错的事情。他听了一会,也开始聊起他记忆中的趣事。他说:"还记得吗?那次车钥匙不见了,你在家里到处

43

找,我说去看看在不在车里,结果,真在那儿。"就这样大概聊了10分钟,最后,儿子慢慢恢复了自信,我们互道晚安。

※ ※ ※ ※ ※

有的家长非常认可"用幻想的方式满足他们在现实中不能实现的愿望"这样一种方法。我们可以轻松地说出"你很希望可以……",而不必费力地去争辩谁对谁错。

大卫:(10岁)我要一个新望远镜。

爸爸:新望远镜?为什么?你现在这个不是挺好的吗?

大卫:(情绪激动地)那是小孩用的!

爸爸:对你这么大的孩子足够用了。

大卫:不,不够。我要200倍的望远镜。

爸爸:(看出事态要发展到争吵,我决定换个方式)哦,你真的想要一个200倍的望远镜。

大卫:对啊!那样我就可以看清陨石坑了。

爸爸:你想看清楚一些,是吗?

大卫:对!

爸爸:你猜我怎么想?我希望能有足够的钱给你买那个望远镜。你喜欢天文,我希望能有钱给你买一个400倍的望远镜。

大卫:600的望远镜。

爸爸:800倍的望远镜。

大卫:(开始兴奋起来)1000倍的望远镜!

爸爸:一个……一个……

大卫:(激动地)我知道了……我知道了……如果你有足够的钱,你就给我买一个帕洛马山那种超级望远镜。

我们都笑了,我体会到了用不同的方式带来的前后不同的结果。用幻想的方式最关键的一点是，让你自己放开，天马行空地去想象。尽管大卫知道我们说的事情不可能发生，但我很看重他想得到望远镜的渴望心情，他就会觉得很受安慰。

❦ ❦ ❦ ❦ ❦

丈夫和我带着杰森（4岁）和姐姐丽萨一起去自然博物馆参观。那天我们玩得很开心。出来的时候，路过一个礼品店，杰森非要进去。这里的东西都很贵，但是我们还是给他买了一套岩石。然后，他又开始嚷嚷着要恐龙模型。我给他解释：我们已经花了很多钱了。丈夫也说，我们已经给他买东西了，就别再抱怨了。后来，杰森开始哭，丈夫让他住嘴，别那么不懂事。但杰森就是不听，干脆一屁股坐在地板上，哭得更厉害了。

别人都在看着我们。我当时觉得很尴尬，真想有个地缝钻进去。后来，一个念头闪过。我从包里拿出笔和纸，开始写起来。杰森问我干什么，我说："我在写杰森想要一个恐龙。"他盯着我说："还有多棱镜。"我又写下来："一个多棱镜。"

他接下来做的事情让我很吃惊。他跑到姐姐那里（姐姐目睹了全过程）。对姐姐说："丽萨，快告诉妈妈你想要什么，让她也给你写下来。"你可能都不会相信，事情就这样平息了。我们非常顺利地回到了家。

从那以后，我常常用这招。每次杰森去玩具店，要这要那时，我就掏出纸和笔，写下他的"愿望清单"。他好像也很满意，但这也并不说我每样东西都要给他买。除非特殊情况，我才会给他买。我觉得杰森喜欢这个"愿望清单"，是因为我不仅了解了他想要什么，而且还郑重其事地记下来。

❦ ❦ ❦ ❦ ❦

最后这个故事不用多做解释了。

我刚刚经历了人生中最难熬的一段时光。我六岁的女儿苏珊以前患有喉炎，但从来没像这次这么严重。她不能正常呼吸，脸色都变了。我叫不到救护车，只能自己开车带着儿子布朗和母亲去急诊室。

母亲完全歇斯底里。她不停地重复着："哦，上帝！她不能呼吸。完蛋了！你究竟怎么照顾的孩子？"

我用比母亲更大的声音说："苏珊，我知道你现在呼吸有困难，我知道你现在很紧张。我们正在救你，会好起来的。我开车的时候，你可以抱住我的腿。"她抱住了我的腿。

到了医院，两个医生和几个护士忙碌着。母亲还在不停地大叫。布朗也问我，苏珊会不会真像外婆说的那样死去。我根本没时间回答他。医生让我离开急救室，我知道苏珊这时候需要我陪她。我从她的眼神里，看得出她很恐惧。

医生给她打了一针激素。我说："很疼，是不是？"她点点头。他们又往她的喉咙里插了一根管子。我安慰她："插上管子一定很疼，但这对你有好处。"她仍然不能正常呼吸，他们又把她放到了氧气罩里。我说："这么多塑料管子，一定觉得奇怪，但这些都是为了能让你好起来。"我把手伸进氧气罩里，握着她的手，告诉她："我不会离开你，你睡着了也不离开。只要你需要，我会一直陪着你。"

她的呼吸好一些了，但情况仍然不容乐观。我一直陪了她72小时，几乎没合眼。感谢上帝，她终于挺过来了。

我知道，如果不参加这些讲座，遇到这种情况时，我会完全不知所措。我用那些方法和她交流，让她知道我了解她的感受，让她放松，配合治疗。

我真的觉得，我救了苏珊的命。

— 第 2 章 —

## 鼓励孩子与我们合作

*Engaging Cooperation*

# 第一部分

　　生活中,孩子们已经给了我们很多练习倾听技巧的机会。孩子们遇到事情的时候,总是大声清楚地让我知道。在家里,和孩子们在一起就像剧院里上演的舞台戏。玩具丢了,头发剪太短了,该交作业了,新仔裤不合适了,又和兄弟姐妹打架了——所有这些眼泪、激情足够演一出三幕戏剧了,而且永远都不会缺少素材。

　　现实与戏剧唯一不同的是,在剧院,当大幕落下,观众就可以回家了。但是做家长可没那么轻松。我们不得不面对各种伤心、愤怒、沮丧,还得保持心智健全。

　　我们知道旧的方法不见效。我们的解释孩子根本不听,自己也为此耗尽了精力。但是新的方法也存在问题,尽管知道与孩子产生共情很重要,但对我们来说,并不是件容易的事情,就像在学习一种新的语言。家长们说:

　　"刚开始的时候,我觉得自己好笨,就好像在演戏。"

　　"开始,我觉得有些虚伪。但我认为我做得对。儿子以前只会说'是''不'或者'我非得这样吗?'现在会和我说的多一些了。"

　　"我觉得很坦然,但孩子好像不太适应。他们对我表示怀疑。"

　　"我发现自己以前从来没有认真倾听过孩子。现在我愿意等他们先说完,然后再说我想说的。真正的倾听并不容易,需要我们集中精力,而不是仅仅给个简单回应。"

　　一位父亲说:"我试过了,不管用。有一次,我女儿从学校回来,不太高兴。我没像往常那样问她'为什么噘嘴?',而是说'艾玛,好像什么事情让你不开心了。'结果,她哭了起来,跑回房间,把门摔上。"

我向那位父亲解释,这种方法其实还是起到了作用。艾玛那天听到了一个与以往不同声音——她知道了有人在乎她的感受。我鼓励他不要放弃。随着时间的推移,艾玛从父亲那里不断地得到接纳式的回应,有了安全感,她会把困扰告诉父亲的。

给我印象最深的,是一个少年讲述的经历。他知道妈妈在参加我们的讲座。有一天,这个男孩从学校回来,生气地发着牢骚。"他们有什么权利不让我参加今天的球赛?就因为我没带运动服,让我只能坐冷板凳。太不公平了!"

"这让你很生气。"妈妈关切地说。

他厉声地说:"还有你,你总是向着他们说话。"

妈妈搂了搂他,"吉姆,你没听清楚我说的,我说,这让你很生气。"

他眨了眨眼,看着妈妈,说:"爸爸也应该跟你去上课去!"

✯ ✯ ✯ ✯

到目前为止,我们已经集中学习了父母怎样帮助孩子面对他们的负面感受。现在,我们来学习怎样帮助父母处理自己的负面情绪。

在亲子关系中,教导孩子的行为符合社会规范是一项艰巨的工作。这源自于我们和孩子在需求上的矛盾。成人需要的是外表整洁、讲秩序、懂礼貌、按流程办事。孩子可不在意这些。有多少孩子会自觉自愿地去洗澡、去说"请"或者"谢谢"、去换内衣。有许多孩子甚至根本不愿意穿内衣。家长花很多精力调教孩子,让他们的行为符合规范。但是,我们的态度越强烈,他们越是反抗。

有好几次,我的孩子把我看成他们的"敌人",总是让他们去做不愿意做的事情:"洗手去……用纸巾擦……小点声……把衣服挂起来……作业写了吗?……你确认刷过牙了?……过来,把马桶冲了……穿上睡衣……上床去……快睡觉……"

## 第 2 章　鼓励孩子与我们合作

同时,我总是不让他们去做想做的事情:"别咬手指头……别踢桌子……别乱扔垃圾……别在沙发上跳……别揪猫尾巴……别把豆子塞到鼻孔里!……"

孩子的态度变成"我就要干我想干的。"而我的态度变成"按我说的去做。"于是,争吵就不可避免了。每次都让我心烦意乱,最后,即使要求孩子去做一件最简单的事情,也会让我头疼。

现在,让我们花几分钟时间想一想,在一天当中,哪些是你坚持让孩子去做,或者不要去做的事情。在下面的空白处列出来。

### 每天要求孩子必做的事情:

| 早上 | 下午 | 晚上 |
|------|------|------|
| ____ | ____ | ____ |
| ____ | ____ | ____ |
| ____ | ____ | ____ |
| ____ | ____ | ____ |
| ____ | ____ | ____ |
| ____ | ____ | ____ |
| ____ | ____ | ____ |

### 每天要求孩子绝对不能做的事情:

| 早上 | 下午 | 晚上 |
|------|------|------|
| ____ | ____ | ____ |
| ____ | ____ | ____ |
| ____ | ____ | ____ |
| ____ | ____ | ____ |
| ____ | ____ | ____ |
| ____ | ____ | ____ |
| ____ | ____ | ____ |

不管你列的是长是短,也不管你的愿望是不是现实,这里面的每一项,都代表了你为意愿之争所付出的时间、精力和耐性。

那么,有没有解决办法呢?

首先,我们回顾一下,当成人希望孩子配合时常用的几种方法。读每个例子的时候,把自己想象成一个孩子,在听父母对你说话。仔细体会这些用词,把你的感受写下来。(也可以让一个朋友大声地读,你闭着眼睛听。)

**1. 责备和问罪**

"你的脏手印又弄门上了!怎么老这样?……到底怎么回事?你就不能做得好点?……告诉过你多少遍了,要用门把手。你从来就不听。"

如果我是孩子,我的感受:_____
_____
_____

**2. 谩骂**

"今天气温都零下了,你就穿一件薄夹克!你怎么这么蠢啊!"

"来,让我来给你修自行车吧。你笨手笨脚的。"

"看看你吃饭的样子!真恶心。"

"把屋子弄这么脏,你真是个懒虫,简直跟猪一样。"

如果我是孩子,我的感受:_____
_____
_____

**3. 威胁**

"再碰灯泡,你就会被电死的。"

"再不把口香糖吐出来,我就到你嘴里抠出来。"

第 2 章　鼓励孩子与我们合作

"我数三下,你还不穿好衣服,我就丢下你走了。"
如果我是孩子,我的感受:_____
_____
_____


### 4.命令

"马上把屋子打扫干净。"
"帮我拿一下包,快点!"
"你怎么还没倒垃圾呢?现在就去!……还等什么?快!"
如果我是孩子,我的感受:_____
_____
_____


### 5.说教

"你觉得从我手里抢书,做得对吗?你不知道好的行为习惯有多重要。你必须明白,如果我们希望别人对我们有礼貌,我们就要对人有礼貌。你是不是也不愿意别人抢你的书?那你就别抢别人的书。己所不欲,勿施于人。"
如果我是孩子,我的感受:_____
_____
_____


### 6.警告

"看着点,别烧着你。"
"小心,别让车撞到你!"
"别往那儿爬!你想摔下来吗?"
"穿上毛衣,要不会感冒的。"

如果我是孩子,我的感受:_____
_____
_____

### 7.控诉

"你们俩别叫了。你们想对我干嘛?……让我犯心脏病吗?"

"等你们有了自己的孩子,就知道这有多烦人了。"

"看见我的白发了吗?都是因为你。"

如果我是孩子,我的感受:_____
_____
_____

### 8.比较

"你怎么不能像你哥哥那样?他总是提前把作业做完。"

"丽萨举止多优雅。她从不用手抓东西吃。"

"你怎么不能像盖瑞那样穿衣服?他的发型、衣服都很整洁。看起来也很舒服。"

如果我是孩子,我的感受:_____
_____
_____

### 9.讽刺挖苦

"你知道明天要考试了,还把书落学校。你做得真明智!"

"今天就穿这个——紧身衣配格子裙?你今天会得到很多夸奖的。"

"这就是你明天要带到学校的作业吗?也许你的老师能看懂你写的天书,我可看不懂。"

如果我是孩子,我的感受:_____

第 2 章　鼓励孩子与我们合作

## 10.预言

"你竟然对我撒谎。知道长大后你会是什么样子吗？没人会相信你。"

"你就这么自私。没人会愿意和你玩。你不会有朋友的。"

"你就会抱怨,从来不自己想办法。我看十年后,你还得为同一个问题在那儿抱怨。"

如果我是孩子,我的感受：_____

现在,你知道了如果你是孩子,对这些话会有什么样的反应。也许你也想知道,别的孩子会有什么反应。很明显,同样的话,不同的孩子听了,会有不同的反应。下面是我们小组里的几个例子。

**责备和问罪：**⊙"门可能比我还重要。"⊙"我干脆骗他,说那不是我弄的。"⊙"我是一个脏鬼。"⊙"我不想呆在这里。"⊙"我想骂她。"⊙"你说我从来都不听,那我就不听了。"

**谩骂：**⊙"她说得对,我就是笨,动手能力差。"⊙"那还试什么呀？"⊙"我要报复她,下次,我连夹克都不穿。"⊙"我恨她。"⊙"哼,她又来劲了！"

**威胁：**⊙"她看不见的时候,我就去摸灯泡。"⊙"我想哭。"⊙"我害怕。"⊙"别烦我了。"

**命令**：⊙"试试,来抓住我。"⊙"我感到恐怖。"⊙"我不想动。"⊙"我讨厌他。"⊙"不管我做什么,都会有麻烦。"⊙"我怎么才能摆脱这些讨厌的事情。"

**说教**：⊙"得了,得了……谁听你说啊?"⊙"我真傻。"⊙"我真没用。"⊙"我想远离这里。"⊙"无聊,无聊,无聊。"

**警告**：⊙"世界太可怕了,太危险。"⊙"我怎么能管好自己?做什么都会有麻烦。"

**控诉**：⊙"我感到内疚。"⊙"我害怕。她病了,是我的错。"⊙"谁会在乎这些?"

**比较**：⊙"她爱别人比爱我更多些。"⊙"我恨丽萨。"⊙"我觉得自己很失败。"⊙"我也讨厌盖瑞。"

**讽刺挖苦**：⊙"我不愿意被嘲笑,她真讨厌。"⊙"我觉得被羞辱,被否定。"⊙"为什么还去努力呢?"⊙"我要想办法报复她。"⊙"不管我怎么做,都不会赢。"⊙"我很愤怒。"

**预言**：⊙"她说得对。我不会有什么出息的。"⊙"我会让他们信任的,我要证明他错了。"⊙"这没用。"⊙"我放弃了。"⊙"这是命中注定的。"

我们成人从这几页纸的话语里,就已经经历了这么多感受,那么想想真实生活中的孩子会是什么样的心情。

那么,有什么更好的方法可以替代吗?有没有一种方法,可以让孩子和我们配合,而不至于伤害他们的自尊,也不会让他们有逆反的心理?有什么办法可以让家长少付代价,又好操作呢?

下面,我们一起来分享非常有帮助的五个技巧。不是每一个技巧都适用于每个孩子,也不是每个技巧都适合你自己,这些技巧也不是每次都见效。但是,这五个技巧帮助我们和孩子建立起互相尊重的平台,而互相尊重正是合作的开始。

---

### 鼓励孩子与我们合作的五个技巧

1. 描述:描述你所看见的,或者描述问题。
2. 提示。
3. 用简单的词语表达。
4. 说出你的感受。
5. 写便条。

I 描述：描述你所看到的，或者描述问题

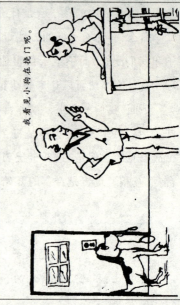

反例

你真不负责任，总是把水龙头打开，又忘记关。你想发大水吗？

描述

约翰，浴缸里的水快溢出来了。

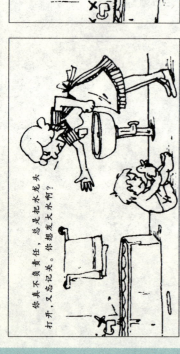

反例

你整天都不去遛狗。你就不应该养宠物。

描述

我看见小狗在抓门呢。

## 1 描述（2次）

**反例**

告诉你多少遍了，上完厕所要关灯！

**描述**

厕所的灯还开着呢。

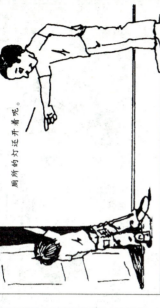

**反例**

马上把电话挂了！

**描述**

吉利，我现在要打个电话。我一分钟以后就挂。

大人描述问题的时候，其实，也就告诉了孩子该怎么去做。

## II 提示

**提示**

孩子，牛奶不放回冰箱，会变酸的。

苹果核应该扔到垃圾桶里。

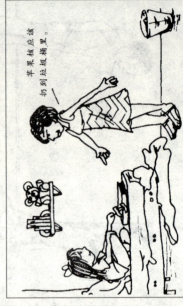

**反例**

谁喝的牛奶，不放回冰箱？

真恶心！苹果核怎么能放床上？这里简直像猪圈一样！

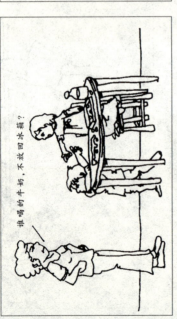

反例

再让我看到你在墙上画,就揍你!

提示

墙不是用来画的,纸是用来画的。

反例

你从来就不能帮我干点家务活!

提示

我现在需要有人能帮我收拾一下餐桌。

当我们给孩子们提示的时候,他们往往就知道该怎么做了。

# Ⅲ 用简单的词语表达

比较一下长篇大论和简单用词分别产生的效果

长篇大论

我一再和你们说穿上睡衣,你们就知道在这儿玩,我怎么没看出来你们有视就穿睡衣,我答应好看电什么动静!

简单的词语

孩子们,睡衣!

这种情况下,多说不如少说。

简单的词语

杰米，你的午饭。

简单的词语

比利，狗。

长篇大论

你看看你，又是要出门了忘带午饭，如果脑袋不长在你身上，你连脑袋也记不住事。

长篇大论

你答应得好好的，但这星期已经提醒你三次了。我受不了啦，我和妈妈轮流来帮你弄，都我我们的事了！你每天喂它，我们有了小狗，

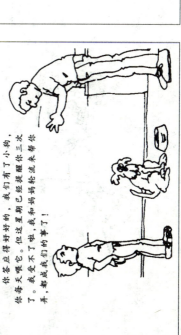

孩子不喜欢说教和长篇大论，对他们来说，越短越容易记住，越有效。

# Ⅳ 说出你的感受

**不要评价孩子的个性和人品**

孩子们愿意听从郁父母的肯定想法，通过表达自己的感受，他们会变得更积极，同时也不会伤到别人。

# IV 说出你的感受（续）

**反例**

你真没礼貌，总是打断我说话！

**说出你的感受**

如果我的话还没说完，就被人打断，我会觉得不高兴！

**反例**

你什么意思？"我就得带你去？""你就像那些惯坏了的孩子！"

**说出你的感受**

我不愿意听到"你得带我去"。我想听到的是"爸爸，可以带我去吗？"好了，你现在可以准备去"。

只要不受到攻击，孩子还是可以和一个表达愤怒的人合作的。

# V 写便条

有的时候,文字比口头说更有效。下面的文字是一位爸爸写的,他实在厌烦了在下水道清理女儿的长头发。

这是一个上班族妈妈贴在家里电视上的便条。

# V 写便条(续1)

这个双面便条贴在卧室的门后面,能使父母在周末早上多睡会儿。等到他们想让孩子们进来的时候,就把它翻个面。

## V 写便条（续2）

爸爸不想再对儿子大吼大叫了，他决定用写便条的方法来处理。

妈妈折了一个纸飞机，在上面写了一些话，扔给他的儿子和他的小伙伴。他们都不识字，跑来问妈妈上面写的是什么意思。知道以后，就把玩具收拾起来了。

这五个技巧让我们学会鼓励孩子合作,并且不留下负面感受。

你可以利用孩子上学,或者在家自己安安静静玩的时候,抽几分钟时间练习这些技巧。在真正的突然事件发生之前,先假设几个场景操练。

## 练习I:

你走进卧室,看到孩子刚洗澡出来,把湿毛巾扔在你床上。

A. 写出通常情况下,你会用什么样的方式对孩子说:

_____

_____

B. 同样的情形,运用下面所列的技巧得到孩子合作。

1. 描述:(描述你所看到的,或描述问题。)

_____

_____

2. 提示:

_____

_____

3. 用简单的词语表达:

_____

_____

4. 说出你的感受:

_____

_____

5. 写便条：
_____
_____
_____

上面的练习是同一个场景,运用五种不同的技巧。下面的练习,你可以从五种技巧当中,选择一个你认为最有效的。

**练习 II：**

**A.** 你正在收拾行李,可是找不着剪刀。你的孩子有一把剪刀,但总是向你借,也不还你。

无效的处理方式：
_____
_____

有效的处理方式：
_____
_____

你运用了哪项技巧：
_____
_____

**B.** 你的孩子老是把运动鞋丢在门口。

无效的处理方式：
_____
_____

有效的处理方式：
_____

第 2 章　鼓励孩子与我们合作

你运用了哪项技巧：

C. 你的孩子刚刚把湿雨衣挂在衣柜里。

无效的处理方式：

有效的处理方式：

你运用了哪项技巧：

D. 你发现孩子最近不刷牙了。

无效的处理方式：

有效的处理方式：

你运用了哪项技巧：

我记得第一次在家里运用这些技巧的时候，让我非常惊讶。那天，我开完会回到家,在门厅里被我女儿的溜冰鞋绊了一下,我温和地对女儿说:"溜冰鞋应该放在鞋柜里。"我自认为做得很好。但女儿面无表情地看着我，接着就回自己房间读书去了。我当时真想揍她。

于是,我从中学到两点：

1) **真实很重要**。我生气的时候还装出很有耐心的样子,会适得其反。我不仅没有诚实地和她沟通,而且也显得很不真实。我还是会在以后把气撒在孩子身上的。倒不如,我大吼:"溜冰鞋是应该放在鞋柜里",那样的话,可能会引起女儿的注意。

2) **第一次不成功,并不意味着我应该回到老路上去**。我还有别的技巧。我可以综合应用这些技巧。比如湿毛巾的例子,一开始,我可以平静地对女儿说:"毛巾把我的毯子弄湿了。"

我还可以接着说:"湿毛巾应该放回浴室。"

如果她不理我，还在想别的事情，我可以提高嗓门:"吉尔,毛巾!"

假设她还不动,而我的火气也在往上窜,我可以再大声点:"吉尔,我不想一晚上都睡在又冷又湿的床上!"

如果我想歇一歇我的嗓子,也可以写一张便条,放在她常看的书上,"湿毛巾放在我床上,让我很生气!"

我甚至想象,我被她气急了,对她大吼:"我不希望你对我的话充耳不闻。我把你的湿毛巾拿走了。我真的发怒了!"

我们总可以灵活地找到符合当时情绪的应对方法的。

也许你希望现在就能把这些技巧运用到家里的真实生活中。那就看一下你前面所列的"每天要做的事情"和"绝对不能做的事情"。运用我们刚学到的技巧,看一看要求孩子做的事情是不是变得容易多了?也可以结合第一章,关于如何接纳孩子的负面情绪的技巧,帮助我

## 第 2 章　鼓励孩子与我们合作

们灵活应对所面临的情况。

想一想,写下这周你可能会努力尝试的技巧。

| 问题 | 可能用到的技巧 |
| --- | --- |
| _____ | _____ |
| _____ | _____ |
| _____ | _____ |
| _____ | _____ |

也许有人会问:"如果我的孩子还是没反应,接下来,该怎么办?"在下一章里,我们会深入探讨让孩子合作的更多技巧,将会讨论到如何解决问题以及代替惩罚的方法。下面的作业,帮助我们巩固现在所学的内容。同时,希望本章所学到的技巧,能让我们今后的生活轻松一些。

## 作业

**I. 在本周,哪些不该说的话,我没说?**

(有时,我们不说那些不该说的话,也是一种进步。)

场景:_____

_____

我没说:_____

_____

**II. 这周我用到了哪两个新技巧?**

场景 1:_____

_____

技巧运用:_____

_____

　　孩子的反应：_____

_____

　　我的反应：_____

_____

　　场景2：_____

_____

　　技巧运用：_____

_____

　　孩子的反应：_____

_____

　　我的反应：_____

_____


**III. 我写的便条：**_____

_____

_____


**IV. 阅读第二部分**

## 鼓励孩子与我们合作

1. 描述你所看到的,或者描述问题。

   "床上有一块湿毛巾。"

2. 提示。

   "毛巾把我的毯子弄湿了。"

3. 用简单的词语表达。

   "毛巾!"

4. 说出你的感受。

   "我不喜欢睡在湿床上!"

5. 写便条。

   (贴在毛巾架上)

   请把我放回原处晾干。
   谢谢!

   毛巾

# 第二部分：建议、常见问题和来自家长的故事

## 常见问题

**1. 对孩子"怎么说"和"说什么"一样重要吗？**

当然。说话的态度和所说的话一样重要。有助于孩子成长的沟通态度是这样的："总的来说，你是个可爱能干的孩子。只是现在出了些问题，需要注意一下。你自己一旦认识到这些问题，你就能负起责任来。"

而诋毁孩子的沟通态度则是："你是个招人讨厌又无能的人，总做错事情，最近发生的这件事情，再一次证明你又错了。"

**2. 既然态度这么重要，为什么还费尽心思地去想我们所说的话呢？**

父母厌恶的眼神、轻蔑的语调能很深地伤害到孩子。然而，如果孩子屈从于"笨蛋"、"粗心"、"不负责任"、"你永远都学不会"这样的语言时，他受到的伤害将是双倍的。语言是具有杀伤力的，也有时间延续性。最糟糕的是，将来的某一天，他会用这样的语言反过来伤害自己。

**3. 如果你想让他做某件事，为什么不能说"请"？**

如果是让孩子做举手之劳的事，我们说："请把盐递给我。"或："请把门关上。""请"在这里是个常用的礼貌用语。比简单的命令"递给我盐"或"关门"要好得多。

我们向孩子提出一个小的请求时,说"请",也是给孩子树立一个符合社会礼仪的榜样。

但是,有的时候,"请"会导致不够严格。当我们真的生气的时候,温柔地说"请",会带来麻烦。思考下面的对话:

妈妈:(试图温和地)请不要在沙发上跳来跳去。

孩子:(还在跳)

妈妈:(提高嗓门)请不要这样跳!

孩子:(继续跳)

妈妈:(突然使劲打孩子)我说过"请"不要跳了,是不是?

究竟怎么回事?为什么妈妈几分钟之内,从温文尔雅变得怒不可遏?这是因为,当你在付出耐心却又被忽视的时候,怒气就会随之而来。你会想:"我已经够有耐心的了,这孩子竟然不服从?我要给你好瞧的!哼!"

如果你想马上做一件事情,最好语气坚定,不要恳求。大声坚定地说:"沙发不是用来在上面跳的!"他会马上停止跳。(如果孩子继续坚持,就马上把他抱走。严厉地对他重复"沙发不是用来在上面跳的!"

### 4.有时候我让孩子做事情,他们会给我回应,有时候他们又置之不理。这是怎么回事?

有一次,我们问一组在校学生,为什么他们不听父母的话。他们说:

"从学校回到家,我已经很累了。如果妈妈让我做事情,我就假装没听见。"

"有的时候,我正在玩,或者正看电视,我真的没听见。"

"学校发生的事情让我很生气,回家我就不想做事情。"

除了孩子们的想法,下面的问题,你可以问一下自己:

⊙ 我的要求是不是适合孩子的年龄和能力?(要求一个 8 岁的孩子要有很好的饭桌礼仪)

⊙ 他认为我的要求合理吗?("为什么妈妈非要我洗耳朵后面?又没有人看。")

⊙ 能否让他选择什么时候去做,而不总是"马上"?("你想先洗澡,后看电视,还是看完再洗?")

⊙ 能否让他选择怎么去做?("你洗澡的时候,带上你的玩具娃娃,还是小船?")

⊙ 房间的设施是不是可以改善一下?(衣柜里是不是可以钉一些低一点的挂钩,让孩子方便挂衣服?孩子的房间是否可以加一些隔板,便于整理东西,而不至于全堆在一起?)

⊙ 是不是我和孩子在一起的时候,只知道让他干这干那的?是不是也应该单纯享受一下和他在一起的时光?

**5.我必须承认,自己以前对女儿说了很多不该说的话。现在我想改变。可是女儿却不吃这一套。我该怎么办?**

经常挨批评的孩子会比较敏感。即使温和地说"该吃午饭了",对她来说,也像是指责她"天生健忘"。她需要更多的关注和认可。避免使用隐含着否定或者忽视的语言。在本书的后面章节中,会告诉你怎么让孩子正面地认识自己。在那里也将会提到非常类似的转变期,在这期间,孩子对家长的新方法充满了怀疑和敌意。

但是,不要让女儿的负面态度阻碍你。你所学的技巧,都是在教你如何对别人表示尊重。相信绝大多数孩子最终都会有反应的。

第 2 章 鼓励孩子与我们合作

### 6. 用幽默的方法对我儿子很见效。他喜欢我用逗乐的方式让他做事情。这样可以吗?

如果能通过幽默而让孩子听话,你的话就会更有说服力。没有什么比小幽默更能刺激孩子去做事情。它能让孩子在家里振作精神。遗憾的是,很多家长天生的幽默感,在日常和孩子的吵闹中已经退化了。

一位父亲说,他喜欢把游戏的热情融入到家庭琐事上,他常用另外的方式或口音说话。儿子最喜欢听他的机器人声音:"这—是—RC3C。有—人—取—走—冰—块,—不—填—满—的—就—被—驱—逐—到—太—空—外—面。请—配—合。"

### 7. 有时,我发现自己老是在一遍又一遍地重复同一个事情。即使我也运用了技巧,但我仍然觉得自己很唠叨。该怎样避免?

通常,我们一遍遍地重复是因为孩子假装没听见。当你提醒孩子两三遍以后,就别再说了,而要让他确认是不是听见了。例如:

妈妈:比利,我们五分钟以后出发。

比利:(没有回答,继续看漫画书。)

妈妈:能告诉我刚才说什么了?

比利:你说我们五分钟以后出发。

妈妈:好。你已经知道了,我就不再提了。

### 8. 我的问题是,每次我让儿子帮忙,他总是说:"好的,爸爸,等会儿。"但是他就是不动。我该怎么办?

下面的例子告诉我们如何处理这个问题。

爸爸:史迪文,已经两周没除草了。我希望你今天弄完。

儿子:好的,爸爸。我等会儿就去做。

爸爸:最好让我知道你打算什么时候开始。

儿子：节目完了，就去。

爸爸：那是什么时候。

儿子：大约一个小时。

爸爸：好。从现在开始，一个小时后除草。谢谢，史迪文。

## 建议、忠告和技巧使用实例

### I.描述

描述你所看到的，或者描述问题。

使用描述的语言，好处在于避免了互相指责和埋怨。让每个人把注意力集中在"该做什么"。

"牛奶洒了，我们需要一块抹布。"

"瓶子打碎了，我们需要一把扫帚。"

"睡衣破了，我们需要针和线。"

你可以试一下，在每种表达方式前面加上"你"。例如："你把牛奶洒了……你把瓶子打碎了……你把睡衣穿破了……"发现了吗？加上"你"以后，让人觉得被埋怨，容易产生抵触情绪。当我们描述事件的时候（而不是谈论"你做了什么"），孩子也容易听出问题是什么，该怎么解决。

两个儿子跑来吃饭，身上都是绿色的水彩颜料，我非常生气。但是我强忍着，不让自己情绪失控。我转过身，看了看贴在餐柜门上的提醒，用了第一个技巧：描述你所看到的。下面就是接下来的情形：

妈妈：我看见两个小孩，脸上、手上都涂满了绿水彩！

他们互相看了看,然后,跑到卫生间洗去了。

几分钟后,我去卫生间。看到墙上也都是水彩,我又差点要大吼。但这时候,我继续运用第一个技巧。

妈妈:我看到卫生间的墙上也都是水彩!

大儿子跑去拿来一块抹布,说"快去援救!"。五分钟后,他叫我去看。

妈妈:(还用描述)我看到有人把卫生间的墙擦干净了。

大儿子笑了。接着,小儿子大声说:"现在,我要去清理水槽。"

如果不是亲眼所见,我不会相信眼前的一切。

**注意事项**:运用这个技巧有可能会激怒孩子。例如,一位父亲告诉我们,有一天,天气很冷,他正站在门口,儿子刚从外面回来,他对儿子说:"门是开着的。"儿子回敬他一句:"那你为什么不关上?"

后来,小组讨论分析这个情况,结论是:儿子把父亲的描述理解为:"我在尽力暗示你去做正确的事情。"描述技巧的最好运用,就是在孩子感到确实需要让他去做的时候。

## II. 提示

提示就像是送给孩子的一个礼物,让他可以一直享用。在他今后的生活中,需要知道:"牛奶不放回冰箱,就会变酸。""伤口需要保持干净。""吃水果之前要先洗干净。""饼干盒不盖好盖儿,饼干就会变软。"等等。家长们认为,提示技巧并不难,难的是在后面去掉那些攻击性的字眼。例如:"脏衣服应该放在洗衣筐里。你永远都学不会,是吧?"

我们愿意给孩子提示,是因为孩子能体会到我们对他的信任。他会对自己说:"我一旦知道了这些道理,大人们会相信我能做好。"

> 莫妮卡参加完童子军聚会回到家里,穿着她的制服,开始在院子里玩。我喊了三四次,换下制服,穿上便装。她却一直在问:"为什么?"
>
> 我不停地回答她:"你会把制服扯坏的。"
>
> 最后,我说:"便装是在院子里玩的时候穿的,制服是童子军聚会上穿的。"
>
> 她停下手里正干的事儿,马上回屋换去了。这让我很惊讶。

一位父亲和我们分享了他和儿子的经历,儿子是刚收养的韩国孩子,今年5岁。

> 我带基姆一起去邻居家还梯子。就在我们正要按门铃的时候,一群在街上玩的孩子,指着基姆,大叫:"他是日本佬!他是日本佬!"基姆困惑地看着他们,尽管没听懂他们在说什么,他还是很不高兴。
>
> 当时,我想了很多:他们连基姆来自哪个国家都不知道,小混蛋……我要教训一下他们,告诉他们的家长,不过那样的话,他们会报复基姆的。不管怎么说,他们也是邻居,基姆总得在这里继续生活。
>
> 我走过去,非常平静地对他们说:"骂人会伤害别人的感情。"
>
> 他们被我说懵了(也许他们本来以为我会对他们大吼

的)。于是,我走进邻居家,没关门,也没有坚持让基姆进来。5分钟以后,我就从窗户看见基姆已经和那些孩子一起玩上了。

一天,我的女儿杰西卡(3岁),骑着她的三轮车,在马路上追她8岁的哥哥。哥哥骑着一辆两轮车。还好,当时路上没车。我对她喊:"杰西卡,两轮车可以在路上骑,三轮车只能在便道上骑。"

杰西卡从车上下来,郑重其事地数了数车轮,然后把车搬到便道上继续骑。

**注意事项**:避免提示孩子他们已经知道的信息。比如:告诉一个10岁的孩子:"牛奶不放到冰箱里,就会变酸。"显然不合适。他会觉得,要么你认为他太傻,要么你就是故意挖苦他。

## III. 用简单的词语表达

许多家长认为,这个技巧给他们带来很多帮助。省时间,不费嗓子,又能避免单调乏味的解释。

曾和我们一起合作过的青少年告诉我们,他们喜欢简单的用词,比如:"门"、"狗。"、"盘子"而不喜欢父母的长篇大论。

用简单的词语表达,代替了强迫命令,也给了孩子一个发挥他们主观能动性的机会。当他听到"狗"的时候,就会想:"狗怎么了?……哦,对了,今天下午还没遛狗呢……我还是现在就去吧。"

**注意事项**:不要用孩子的名字作为简单的词语表达。比如:一天当中,孩子一遭到拒绝,就听到自己的名字"苏珊",几次下来,她会把自己的名字和"拒绝"联系起来。

## IV. 说出你的感受

多数家长觉得,向孩子说出自己的感受,会减轻自己的负担,家长也不必永远对孩子保持耐心。孩子也没有我们想象的那么脆弱。他们有能力接受这样的表达:

"我现在心烦意乱,没心思看你的作文。晚饭后,我再集中精力看。"

"现在别招惹我,我心情不太好。容易被激怒。但跟你没关系。"

一位单亲妈妈,独自抚养两个小孩。她经常因为觉得对孩子没有耐心而沮丧。后来,她决定以孩子们能接受的方式,说出她的感受。

她开始是这样说的:"我现在的耐心和西瓜一样大。"过了一会,"我现在的耐心和葡萄一样大。"到最后,她会宣布:"现在,我的耐心只有豌豆那么大了。我们最好在它粉碎之前停止。"

她知道孩子们把她的话当真了。有一天晚上,儿子对她说:"妈妈,你现在的耐心是多大?可不可以给我们讲个故事?"

经验告诉我们,孩子的感受得到尊重后,他们也会尊重大人的感受。但这也需要一个过程。当你说出你的感受:"那会让我很烦",孩子可能会说:"那又怎么样,谁会在意呢?"这时候,你可以让孩子知道:"我在意。我在意自己的感受。我也在意你的感受。我希望家里人都在意彼此的感受。"

**注意事项**:有些孩子对家长的反对意见非常敏感。他们可能承受不了,诸如"我生气了"或者"那样做,我不高兴"的表达。他们可能会反过来回答你:"那好,我也生你的气。"对这样的孩子,最好表达你的期望。例如:"我希望你能善待小动物。"而不是:"你揪猫尾巴,让我很生气。"

## V. 写便条

不管孩子认不认字,他们都期望收到小便条。年纪小一点的孩子,在收到父母的便条时,会很开心。这样,还可以鼓励他们回复父母的便条。

大一点的孩子也喜欢收到便条。一群曾和我们一起合作过的少年告诉我们,收到便条会让他们感觉很好。"就像收到一位朋友来信。"他们被父母抽时间花精力给他们写便条的行为所打动。一位少年认为便条最大好处就是:"他们不用大声嚷嚷了。"

家长们也喜欢写便条的方式。省时、便捷,而且有的还很值得回味。

一位母亲告诉我们,她的橱柜上一直放着一沓便笺和装了一打铅笔的旧咖啡杯。以前,她发现自己经常处于这样的境地:要么她为同一件事,喊好几遍孩子们,要么就是干脆不叫他们,自己做家务了。

后来,她发现,拿起笔来写比总张嘴喊省力得多。

下面是她写的一些便条:

亲爱的比利:

    从今天早上起,我就一直没出去过。让我放松一下。

                          你的小狗:哈里


亲爱的苏珊:

    厨房该归整了。

    需要收拾一下:

        1. 炉子上的书

        2. 门口的靴子

        3. 地板上的夹克

## 4. 桌子上的饼干屑

> 多谢!
>
> 　　　　　　　　　　妈妈

请注意:
　　今晚讲故事时间:7:30 P.M.,欢迎穿睡衣、刷过牙的小孩参加。

　　　　　　　　　　爱你们的爸爸、妈妈

虽然轻松的语气加强了效果,但便条上的语气并不一定都是温和的。有的时候,情况可能并没有那么有趣,幽默也不起作用。比如下面这位父亲的经历就是这样:他的女儿把他刻录的新CD弄坏了,并且还扔在了地上。他说,如果不是用写便条的方式发泄他的愤怒,他肯定会惩罚她。

阿莉森:
　　我气坏了!!!
　　我的新CD未经允许被拿走,上面都是划痕。不能再听了。

　　　　　　　　　　气愤的爸爸

过了一会,父亲收到女儿的回复:

亲爱的爸爸:
　　真对不起。我这周六给你买个新的。不管多贵,都从我的零花钱里扣。

　　　　　　　　　　阿莉森

我们非常惊讶地发现,即使那些不认字的孩子也试图在"读"父母写给他们的便条。下面是一位年轻的上班族妈妈的讲述:

> 我从单位回到家里,最糟糕的事情就是,我花 20 分钟的时间准备晚饭,可是孩子们来来回回地在冰箱和面包箱里乱翻。等我把饭做好了,他们已经没有食欲了。
>
> 上周一晚上,我在厨房门上贴了一张条:
>
> 开饭以前,厨房关闭
>
> 4 岁的儿子马上就想知道写的是什么。我一个字一个字地给他解释。他把那张便条特别当回事,甚至不敢把脚伸进厨房一步。他在门外和妹妹玩,一直等我把饭做好。我拿走了纸条,让他们进来。
>
> 第二天晚上,我又把纸条贴在门上,就在我做汉堡的时候,听见儿子在门外一个字一个字地教他 2 岁的妹妹,妹妹指着上面的字,也在念:"开—饭—以—前,厨—房—关—闭。"

一位正在学校进修的母亲,给我们讲述了她使用"便条"这个技巧时的不寻常经历:

> 那天,我要在家里组织一个 20 人的会议,很紧张,所以就提前离开了学校回家,希望在人们到达之前,我能把家里收拾妥当。
>
> 踏进家门的时候,我心里一沉。屋里简直一塌糊涂。一堆堆的报纸、邮件、书、杂志,卫生间也是乱七八糟,卧室的床也没收拾。我只有两个小时的时间搞定这些,这几乎要让我歇

斯底里了。孩子们随时都可能回来,我知道自己不会有力气去应付他们的任何需求,也没有耐心忍受他们的争吵。

但是我也不想再解释任何事情了,我决定写张便条。但是屋子乱得连贴条的地方都没有了。我抓起一个硬纸板,打了两个洞,穿上绳子,挂在我的脖子上:

人体定时炸弹<br/>
如果来烦我或激怒我,就随时爆炸!!!<br/>
十万火急,速来救援!

随后,我就开始疯狂地收拾。孩子们回家后,看到我的牌子,赶紧主动整理他们的书和玩具。不用我说一个字,他们就把床收拾了,还把我的床也收拾了。真不可思议!

我正准备清理卫生间的时候,门铃响了。我慌了一下,一看,才知道是过来送椅子的。我请他进来,但他站在门口不动,一直盯着我胸前看。

我低头一看,原来牌子还挂在我脖子上。我赶紧向他解释,他说:"别担心,女士,息怒!告诉我你想把椅子搁哪儿,我替你放好。"

有人问:"我们使用了这些技巧,孩子们就会一直听我们的吗?"我们的回答是:我们希望不是这样。孩子不是机器人。我们的目的不是用一套技能去操控孩子的行为,好让孩子言听计从。

我们的目的在于培养孩子的进取心、主动性、责任心、幽默感以及体谅他人需求的能力。

我们想找到一种语言,培养孩子的自尊,让他们的心灵不受伤害。

## 第 2 章　鼓励孩子与我们合作

　　我们想建立一种情感的氛围,鼓励孩子与我们合作,因为他们关心自己,也关心我们。

　　我们想树立一个榜样,在相互尊重的平台上与人沟通,无论是在童年、叛逆的青春期,还是长大成人以后都能受用。

—— 第 3 章 ——
# 代替惩罚的方法
*Alternatives to Punishment*

# 第一部分

在我们使用新的技巧和孩子沟通时,有没有发现这需要我们不断地控制自己,不要回到老路上去。对于我们大多数人来说,挖苦、说教、警告、谩骂、威胁的词语已经植入我们的语言当中,因为,我们从小耳濡目染。放弃我们熟悉的东西,并不容易。

一些家长经常告诉我们,即使参加了这样的培训,他们仍然在用自己不喜欢的方式和孩子说话。这让他们沮丧。唯一不同的是,他们意识到了自己的错误。事实上,意识到自己的错误就是进步,它是改变的开始。

我自己改变的进程就实属不易。我会又回到老路上去:"你怎么回事?永远都记不住上完厕所关灯。"然后,开始自责,下决心不再那样说话。但是,又忍不住会说出口。接着,又后悔。"看来我是学不会了……我怎么能那么说呢?……我知道了……我应该说:'孩子,厕所灯还亮着。'或者:'孩子,灯!'"然后,我会担心自己再也没机会说了。

事实上,我不必担心,因为他们总是忘关灯。下一次的时候,我就做好准备,对他们说:"孩子,灯!"就会有人跑过去,把灯关了。成功了!

也有很多次,当我说他们做"对"的事情的时候,好像并不管用。他们不当回事儿,甚至反抗我。这时候,我能想到的唯一办法就是惩罚。

为了能深入理解惩罚的后果,请看下面两个场景,回答所提的问题。

**场景1：**

妈妈：别在过道上跑来跑去的……我买东西的时候，你扶着妈妈的推车……你怎么什么都摸？我说过了"扶着推车！……把香蕉放回去……我们不买那个，家里有的是……别压那些西红柿！我现在警告你，如果还不扶着推车，你会有麻烦的……把手拿开……让我来挑冰淇淋……你又跑。想摔倒啊？"

好，够了！你知不知道，刚才差点撞倒那个老太太？看来你该受罚了。今晚，别想吃一勺我买的冰淇淋。我得好好教训教训你，不能这样行为粗鲁！

**场景2：**

爸爸：比利，看见我的锯了吗？

比利：没有。

爸爸：真没有？

比利：我发誓，我从来没碰过。

爸爸：那我怎么看见它在外面，都是锈，旁边还有你和小朋友的手推车？

比利：哦！我们上周用过，后来下雨了，我们就跑回家，我可能给忘了。

爸爸：你说谎！

比利：我没说谎。我真的忘了。

爸爸：哼！上周你忘了我的锤子，上上周你又忘了我的螺丝刀！

比利：爸爸，我不是故意的。有时候，我真的是忘了。

爸爸：我会让你记住的！你再也不能用我的工具。还有，最不能让我容忍的，是你还撒谎。明天晚上我们都去看电

## 第3章 代替惩罚的方法

影,你自己留在家里!

### 问题 1:是什么触发家长惩罚他们的孩子?
情景 I _____
_____
_____

情景 II _____
_____
_____

### 问题 2:你认为受罚的孩子会是什么感受?
情景 I _____
_____
_____

情景 II _____
_____
_____

### 究竟惩罚还是不惩罚?

每次在小组里讨论这个问题时,我总会问大家:"为什么?我们为什么要惩罚孩子?"下面是一些家长的回答:

"如果不惩罚他们,他们就会逃避管教。"

"有时候,我很生气,没有别的办法。"

"如果不惩罚,孩子怎么知道他做错了,以后不再做。"

"我惩罚儿子,是因为那是他唯一能理解的管教方法。"

我问家长,是否记得自己受罚时的感受,他们这样回答:

"我经常恨我妈妈。我会认为'她真是一个泼妇'。之后,我又会有罪恶感。"

"我会觉得:'爸爸是对的,我很糟糕,我理应受罚。'"

"我会幻想我病得厉害,让他们对我的所作所为后悔。"

"他们真坏。我要报复他们。只要不被他们抓住,我还去做。"

家长们讨论得越多,越理解了惩罚会带来的感受:敌意、仇恨、抗议、罪恶感、没有价值感、自怜。然而,他们仍然担心:

"如果我放弃惩罚,岂不是让孩子来掌控一切了?"

"我担心没了管教他的最后一招,让我对他无能为力。"

我理解他们的担忧,也问过吉诺特博士:"为什么会认为惩罚一个不听管教的孩子是应该的?孩子出现问题的时候,可不可以让他们承受行为的自然后果?"

他回答说,一个孩子应该经历自己不当行为所带来的自然后果,而不是受罚。让他感到,在一个相互关心的亲子关系中,是没有惩罚的。

我接着问:"如果孩子继续违抗你,这时候,可以惩罚吗?"

吉诺特博士说,问题在于,惩罚并不起作用。孩子的精力分散到了如何去报复家长上面,错失了对自己不当行为的反悔以及思考修正错误的机会。换句话说,惩罚孩子,我们实际上剥夺了他从内心深层对自己错误行为的反省过程,而这个过程又是非常重要的。

这样的观点(惩罚不解决问题,反而影响了孩子对自己的反思)对我来说非常新鲜。但是,新的问题又出现了,我们该用什么来代替惩罚?

现在,花一些时间想想,在刚才的情景中,家长该怎样处理?

1. 有哪些可能的方法(不用惩罚)来应对超市里的那个孩子?

_____

_____

_____

第 3 章　代替惩罚的方法

**2.** 有哪些可能的方法(不用惩罚)来应对那个拿走爸爸工具又不归还的孩子？

_____

_____

_____

_____

　　我总是惊讶于家长们的智慧和灵感。一小会儿安静的时间，就能想出各种各样的应对方法。请看下面来自一个小组的建议：

　　⊙ 妈妈和孩子可以在家里，用一些小道具，排练一下在超市里购物的过程。在演练当中，妈妈可以教给孩子，在超市里购物的一些行为规范。

　　⊙ 他们可以一起读一本简单的图画书《杰妮去超市》。书里介绍了，在购物小组里，杰妮作为活跃分子，主要负责帮助推车、装货、卸货、整理货物。或者，杰妮在妈妈的帮助下，负责找到购物清单(用文字或图画表示)所列的东西，并负责把他们放进购物车。

　　⊙ 爸爸和儿子可以建立一套类似图书馆的系统，每次借用的时候，检查每样工具，并保证归还。

　　⊙ 爸爸可以在儿子生日的时候，送他一套初学者工具，这样，他就知道爱惜自己的工具了。

　　注意，所有这些建议，重点都在预防。如果我们每次都能防患于未然，那就太好了。但有时候，我们没有预见到，或者我们没有精力去做的时候，下面的方法可以给我们提供帮助。

### 代替惩罚的七个技巧

1. 请孩子帮忙。
2. 明确表达强烈不同意的立场(但不攻击孩子的人格)。
3. 表明你的期望。
4. 提供选择。
5. 告诉孩子怎样弥补自己的失误。
6. 采取行动。
7. 让孩子体验错误行为的自然后果。

## 代替惩罚的方法

惩罚

请孩子帮忙

反例

明确表达强烈不同意的立场（不攻击孩子的人格）

## 代替惩罚的方法

　　假如孩子还不听话，妈妈不得不离开超市，接下来该怎么办？第二天，不用再说教，也不用长篇大论，让他经历行为不当带来的自然后果。

# 代替惩罚的方法

## 代替惩罚的方法

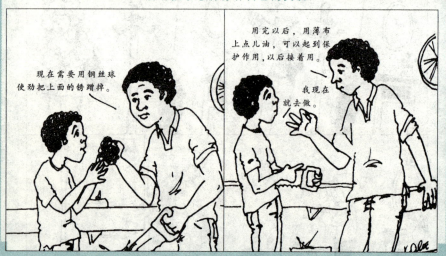

对于多数孩子,这几步就足够唤起他们的责任心了。

# 代替惩罚的方法（续）

假如他又借了没还,怎么办?
提供选择

如果他不改呢?
行动!

现在,我们讨论另一个方法,来帮助家长处理孩子屡教不改的问题。在一次讲座结束后,一位母亲叙述了她面临的难题,她的儿子鲍比总是不能按时回家。她告诉我们,他总是找各种各样的理由,也不遵守诺言。她说的时候,其他父母也发出认同的叹息声,看来,她的问题有些普遍。

在接下来的时间里,我给这个小组准备了一个练习。我站在鲍比的立场,重新把这个情况介绍给大家。然后,我写下了家长在鲍比常年迟到的问题上,可能用到的三种方法。

你现在也可以试试。读完鲍比的故事和家长的反应后,把鲍比可能会有的感受写下来。

**鲍比的故事:**

我喜欢和同学放学后在操场上玩。我知道应该5:45回家,但有的时候,我忘了。昨天和前天,我回家晚了。我妈特生气,我不想让我妈再对我大吼大叫。那天我问同学几点了,他告诉我6:15。我马上不玩了,跑回家,向我妈解释:"我真的是问时间了,但已经太晚了,我是用最快的速度跑回家的。"

**第一位家长的反应:**

"我已经听够你的借口了!再也不相信你了。这次你要接受惩罚。从下周开始,每天放学就回家,不能出去。也不能看电视。我不在的时候,我会让姐姐看着你。回你自己的房间吧,晚饭已经没了。"

鲍比会怎么想?

_____

_____

_____

_____

第 3 章　代替惩罚的方法

**第二位家长的反应：**

"哦,亲爱的,你都跑得出汗了。我给你拿块毛巾擦擦,向我保证别再迟到了。"

"你真让我担心,过来洗洗手,晚饭要凉了……哦,要不妈妈给你热一热?"

鲍比会怎么想?

_____

_____

_____

**第三位家长的反应：**

"你说你在尽力往家赶,但我还是不高兴。我不想再看到你那么急急忙忙的。我希望你说好 5:45 到家就能做到。"

"我们已经吃过晚饭了。厨房也没剩什么吃的了,你要愿意就自己做个三明治。"

鲍比会怎么想?

_____

_____

_____

_____

我们当然不可能知道鲍比的真正想法。但你可能想知道小组里的家长,在做完练习后是怎么想的。他们认为第一位家长的做法太侧重惩罚了。(孩子可能会想:"她真坏。我要报复她。")第二位家长太好欺负。(孩子可能会想:"无论我做什么都可以逃脱处罚。")第三个家长做得"正合适"。她没有惩罚,但又表明了自己的坚定立场。(孩子可能会想:"妈妈真生气了。从现在开始,我最好按时到家,她既然相信我,我不能让她失望……我也不想自己做三明治了。")

理解了这个练习后,这位妈妈就回到家里,用了第三种方法,果然见效。坚持了三个星期以后,鲍比的老毛病又犯了。这位妈妈实在没有招了,当她把自己的烦恼在小组里讲的时候,大家提出了很多问题:"这种情况下,该怎么办?……假如所有都试过了,问题还是一遍又一遍地出现,怎么办?……除了惩罚,再找不出别的办法的时候,该怎么办?"

当问题一再出现时,情况就会变得比先前复杂。那么复杂的问题就需要复杂的技巧。家长辅导员、劳务谈判代表、婚姻咨询师已经总结出一套非常好的方法,来解决复杂的问题和冲突。这是我在小组里介绍给大家的:

---

### 解决问题的五个步骤

第一步:讨论孩子的感受和需求。

第二步:说出你的感受和需求。

第三步:一起讨论,找到大家都同意的解决方法。

第四步:把所有的想法都写下来(不带任何评论)。

第五步:挑出哪些建议你们接受,哪些不接受,哪些要付诸行动。

## 解决问题的步骤

第一步:谈谈孩子的感受和需求。

第二步:说出你的感受和需求。

## 解决问题的步骤

第三步:一起讨论,找到大家都同意的解决方法。

第四步:把所有的想法都写下来(不带任何评论)。

## 解决问题的步骤

简单介绍了解决问题的步骤后,我们决定还是用角色扮演的方式把它演出来。我扮演母亲,真正的母亲扮演她的儿子鲍比。下面是那天晚上的对话录音记录。可以看出来,这位母亲完全进入她儿子的角色。

母亲:鲍比,我想和你说点事。你现在方便吗?

鲍比:(怀疑地)可以啊。什么事?

母亲:关于按时回家吃晚饭的事。

鲍比:我告诉过你了,我已经尽力了。每次都是玩到一半的时候,我就得离开!

母亲:哦?

鲍比:没人比我走得早。一个都没有!

母亲:嗯。

鲍比:我还得不停地问别人时间,我的破表坏了,他们老冲我说:"闭嘴,烦死了!"

母亲:噢,那是挺让人难过的。

鲍比:是啊,肯尼叫我"小屁孩"。

母亲:太过分了……我听出来,你今天在学校,受到了来自小伙伴的压力。

鲍比:就是!

母亲:鲍比,你知道我的想法吗?

鲍比:知道,你想让我早点回家。

母亲:这只是一部分,最主要的是你回来晚了,我担心你。

鲍比:你不用担心!

母亲:我也希望自己不担心……我们一起想一想,看有没有什么办法,能让我们都接受。(妈妈拿来笔)你先开始。

鲍比:我回来晚了,你别担心。

母亲:好,我写下来,还有呢?

鲍比：我不知道。

母亲：嗨，我有个想法，我去操场把你叫回来。

鲍比：不，不好。

母亲：我先都写下来，一会儿再看哪些接受，哪些不接受。还有吗？

鲍比：(停顿了很长时间)可以把我的表修好。

母亲：(写"修理手表")还有吗？

鲍比：我们干嘛非得一起吃晚饭？能把我的晚饭留着吗？

母亲：(写"留晚饭")现在天黑得晚了，我们可以把晚饭时间推迟15分钟。

鲍比：就15分钟啊？

母亲：你想再延长些，嗯。(写"晚饭推迟15分钟")还有别的吗？要不我们一起来看看，哪些想去掉？哪些想保留？

鲍比：看看吧。

母亲：(读)可能的办法：

鲍比回家晚，妈妈别担心。

去操场叫鲍比回来。

修表。

把晚饭放烤箱里。

晚饭推迟15分钟。

鲍比：去掉"你去操场叫我回来"。你要那样的话，肯尼更得说我了。

母亲：好……我想去掉"回来晚，我不担心"。我不可能不担心。接着看下一个。我可以把晚饭推迟到6:15。你觉得15分钟够吗？

鲍比：不……太少了吧。

母亲：我偶尔可以把晚饭给你放烤箱里，但你要提前告诉我。

鲍比:好。留下"修理手表"

母亲:问题是,你已经是第二次把表弄坏了。我不愿意再花钱给你修表了。

鲍比:我有存钱,差不多四美元,够修表吗?

母亲:不太够……不过,我和爸爸可以帮你凑钱。

鲍比:我戴的时候会小心的。我和肯尼掰手腕的时候,就摘下来……我玩的时候就可以看表,知道什么时候该回家了。

母亲:会吗?……嗯。(看一眼写的单子)好,我们来看看目前我们达成的共识:

我推迟15分钟,你就可以多玩15分钟;

我们凑钱修表;

我偶尔可以把晚饭给你放烤箱里,但你要提前告诉我晚回来。

这些办法怎么样?

鲍比:好!

后来上课的时候,每个人都来问鲍比的妈妈,"你试过那些方法了吗?……结果怎么样?"

她笑着告诉我们,当天晚上她就回家试了,鲍比对那些办法很感兴趣,"真好玩!"她说,"我们争论最激烈的是他不愿意戴表。但是,如果晚饭能推迟15分钟,在6点的时候,他可以听到消防站的汽笛声,就知道该回家了。"

听起来是不是并不难?其实,学习每一个单独的步骤并不难,花一点时间就学会了。最难的是我们能转变我们的态度。我们不能再把孩子当成一个"问题"来纠正,同时,也要放弃"成年人总有正确答案"的想法。不要担心我们不够严厉的话语会被孩子们利用。

我们要坚信如果肯花时间坐下来,和孩子分享彼此的真正感受,我们会和孩子一起想出双方都接受的解决方法。

这个方法给我们一个重要的提示,就是当我们出现冲突的时候,不要把精力用于彼此的对抗,或者担心谁输谁赢。我们把能量和精力放在解决问题上,寻找一种方法,让我们的个人需求得到尊重。同时,我们也在教导孩子,他们不是受害者,也不是我们的仇敌。我们在教给他们如何参与解决问题的方法,无论是现在,还是身处困境,也无论是在家里,还是将来复杂的社会中,这个方法都能让孩子受用。

## 作业

Ⅰ. 下个星期,请用代替惩罚的方法。你用了哪些方法?孩子的反应是什么?

_____
_____
_____

Ⅱ. 想一想在家里经常发生的问题。哪些可以用解决问题的步骤来处理?

找出你们都方便的时间和合适的地方,和你的孩子一起解决问题。

Ⅲ. 阅读第二部分

## 代替惩罚的方法

1. **明确表达强烈不同意的立场**

   "我的新锯被扔在外面,都被雨淋得生锈了,我太生气了!"

2. **表明你的期望**

   "我希望我的工具借走以后,能完好无损地归还!"

3. **告诉孩子怎样弥补自己的失误**

   "现在需要用钢丝球使劲把上面的锈蹭掉。"

4. **提供选择**

   "你要么借我的工具及时归还,要么以后再也不能借。你来决定。"

5. **采取行动**

   孩子:爸爸,你的工具箱锁上了!

   爸爸:没错。我希望我的工具放在哪儿,还能在哪儿找到。

6. **解决问题**

   "我们想个办法,既能让你继续用,又能让我用的时候也能找到。"

# 第二部分　注意事项、常见问题
##             以及家长的故事

## 关于惩罚的问题

**1. 对不会说话的孩子,当他去摸不能摸的东西时,是不是可以打他的小手?**

孩子不会说话不意味着他不会听或者不理解。小孩子每一分钟都在学习。问题是,他在学什么?家长可以选择:重复打他的手,让他知道,做了不该做的事情就要打手;或者像对待一个有自尊的大人一样,给他现在和以后都有用的提示。抱走孩子(或挪走东西)的时候,可以平静但清楚地告诉他:

"刀子不能舔,你可以舔勺子。"

"这个小瓷狗会摔碎的,毛绒狗摔不坏。"

可以多次重复这样的提示,重复提示和重复打手所传递给孩子的信息是截然不同的。

**2. 惩罚和承受自然结果有什么不同?只是同样的事情不同的表达方式吗?**

惩罚是为了教训孩子,故意剥夺他们的时间或者追加他们的痛苦。承受自然后果是让孩子承受自己行为所产生的自然结果。

一位父亲和我们分享了他的经历。在这里我们可以看到惩罚和承受自然结果的区别:

我的儿子向我借一件藏青色的毛衣,他觉得配他的牛仔裤正合适。我告诉他:"可以借给你,但要好好爱护。"一周以后,我想起来要穿那件毛衣,竟然发现是在他房间里一堆脏衣服的下面。毛衣后面蹭的都是粉笔末,前面也溅上了肉酱。

我气疯了,这已经不是第一次了。如果他当时回来的话,我一定会告诉他,取消周日和我一起看棒球比赛,把票给别人。

等他后来回到家的时候,我已经平静了一些,但还是很生他的气。他向我道歉。一周后,他又来找我借。我说:"不行!"没有说教,没有长篇大论,他自己知道为什么。

一个月后,他又来向我借格子T恤衫,参加学校的校外活动。我告诉他:"我需要一份书面保证,保证我的T恤衫归还时完好无损。"晚上,我在邮箱里发现了一张纸条,上面写着:

亲爱的爸爸:

如果你借给我T恤衫,我会想尽办法让它保持干净。我不往黑板上靠。我不把圆珠笔放在口袋里。吃饭的时候,我用餐巾纸遮住。

爱你的马克

这张纸条让我很满意。我认为,如果他肯花时间写下来,那就应该也能做得到。

附:T恤衫第二天晚上就还给我了,干干净净地用衣架挂着。

这就是一个承受自然后果的事例。其中一个自然后果是:借别人的东西损坏了,物主会生气,另一个自然后果是:物主不愿意再借给你任何东西了。还有一种可能:物主改主意,可以借给你,但是需要你作出承诺,保住不再发生类似情况。物主不必对你采取什么行动,他的真实反应比起"为了你好"的惩罚方式,更容易让你从中吸取教训。

### 第3章 代替惩罚的方法

**3. 上周,我发现沙发上有一堆的桔子皮。当我问他们"谁干的?"的时候,他们都互相指对方。我该不该找出谁干的,然后惩罚他?**

当家长问"谁干的?"的时候,孩子通常的第一反应就是"不是我。"家长就会觉得"一定有人撒谎"。我们越想发现真相,孩子们越想表明他们的清白。看到让我们生气的事情时,表达愤怒会对我们更有帮助,而不是确认"嫌疑人",然后加以惩罚。

"看到吃的东西放在沙发上,我很生气。桔子皮的汁弄在沙发上就洗不掉了。"

这时候,你可能会听到他们齐声说:"不是我干的。""他干的。""小狗弄的。""小妹妹弄的。"

你可以利用这个机会,让他们知道:

**"我对谁干的不感兴趣。也不想指责已经发生的事情。我只想知道现在怎么补救!"**

不用指责和惩罚,我们让孩子把注意力集中在承担责任上,而不是互相揭发报复。

"现在,我想让你们俩帮助我清理沙发和桔子皮。"

**4. 代替惩罚可以用"表达不同意的立场"。我在用这个方法的时候,我的孩子好像很内疚,很可怜。我也很难过。是不是我做的有点太过分了?**

我们能理解你的担心。赛尔玛·富兰伯格(Selma Fraiberg)博士在她的《奇妙岁月》一书中写到:"孩子需要在一定的阶段感受我们的拒绝。但如果我们的反应过于强烈的话,他会感到所犯的错误让他不再被爱,或者被蔑视,那么我们就在滥用做家长的权利,并有可能让孩子在人格发展中掺杂了过多的负疚感和嫌弃自我的成分。"

这就是为什么我们在"表达不同意的立场"之后,要告诉孩子该怎样修正他的错误。他们经历了自责之后,还要有机会能恢复原来的自

信,重新看到自己是个受尊重,负责任的家庭一员。例如:

"我很生气!她本来玩得好好的,你拿走她的拨浪鼓。你想办法哄她别哭了!"

(代替"你又把她弄哭了。你又该挨打了。")

"一进屋就看到水池里堆满脏盘子,让我很生气。你答应收拾的。我希望上床之前,你把它们洗干净收拾好。"

(代替"明天不能出去玩了。让你知道不守诺言的后果。")

"整整一盒洗衣粉都洒厕所地板上了。看到这乱七八糟的样子,我非常生气。洗衣粉不是用来玩的。快去拿一个袋子、扫帚和簸箕,别弄得整个屋子都是。"

(代替"看看你干的好事。晚上不许看电视!")

这些表达都是在对孩子说:"我不喜欢你做的,我希望你多加注意。"。我们期待孩子长大成人以后,当他做了后悔的事情,他能反思:"我能做什么事情可以改正我的错误,把过失弥补回来。"而不是"我做的事情证明我毫无价值,该受惩罚。"

## 5. 我不再惩罚孩子,但我斥责他做错事时,他会说"对不起",可第二天,他又接着做。我该怎么办?

孩子用"对不起"来安抚生气的父母。他们能很快道歉,也会很快重犯。我们要着重让孩子意识到,他们是真诚地道歉,他们懊悔的感受应该转换成行动。对屡教不改的孩子这样说:

"对不起意味着采取行动。"

"对不起的意思是有所改变。"

"很高兴听到你说对不起,这是第一步,下一步是想一想该怎么做。"

## 专家关于惩罚的观点

每隔一段时间，就会有一些推崇惩罚的文章出现。（"惩罚前要先解释"，"要惩罚适度"，"用惩罚消灭犯罪"）这些建议让处于被孩子激怒和围攻的家长感到宽慰。但是，下面的文字来自精神健康领域的不同专家，他们对惩罚有着不同的观点：

> 惩罚是一种非常没有效果的管教方式，常常会让孩子的行为朝着与我们预期相反的方向发展。许多父母使用惩罚，是因为没有人教给他们更好的管教方法。
>
> 《怎么做父亲》(How to Father)，
> 弗特兹·道森博士（Dr. Fitzhugh Dodson）著，Signet, 1974

> 管教可能会让人感到无奈，但必须强调的是，"管教"的意图是"教育"。它是一整套的指导方针，目的在于培养孩子内在的自制力、自我激励以及主观能动性。管教必须以相互尊重和信任为前提，才能有效。而惩罚则是用外在力量控制或强制一个人，受罚的人几乎不被受到尊重。
>
> 《不必训斥的方法》(The Case Against Spanking)，布赖恩·G.吉尔马丁博士（Brian G. Gilmartin, Phd.）著，1979.2 Vol.8, No.2

> 从过去的文献中，可以得出结论：家长体罚孩子，并没有制止暴力，反而助长了暴力。体罚给孩子带来痛苦，也树立了一个坏的榜样。
>
> 《暴力与抗争》(Violence and the Struggle for Existence)，斯坦佛大学医学院心理系暴力研究委员会。Little, Brown & Company, 1970

困惑的家长错误地认为惩罚之后会有效果,但没有意识到他们的管教方法根本不起作用……

惩罚只能让孩子更逆反。

《孩子就是挑战》(Children: The Challenge),鲁道夫·德瑞克斯(Rudolf Dreikurs)著,M.D. Hawthorn, 1964

体罚中所带给孩子的影响,没有一样是父母所期望的。孩子受到的惩罚,会减轻他们对错误行为的内疚感,他们认为"惩罚"可以抵消他们的"罪行",可以心安理得地重复自己的错误。

不断用各种行为触发父母体罚的孩子,心里有一个背负罪恶的秘密:他用父母的体罚来洗清自己的罪恶。但是,体罚是孩子最不需要的!

《魔法岁月》(The Magic Years),塞尔玛 H.弗莱伯格(Selma H.Fraiberg)著,Scribners,1959

研究表明,约有五分之一的家长遭受过孩子的暴力。青春期的孩子可能会因为父母朝他们扔东西、身体推搡或者攻击性的言语,就以强烈的方式反击……明显的证据表明:孩子对父母实施暴力,正是小时候从父母那里学来的。

《新闻日报》(Newsday,1978.8.15)

## 代替惩罚的事例

(来自父母小组的经验分享)

我 4 岁的女儿玛丽,是个很难缠的孩子。她经常气得让我发疯。上星期,我一回家就看见她用彩笔在壁纸上乱画。我气坏了,狠狠地打了她,拿走了她的画笔。

第3章　代替惩罚的方法

第二天早上,当我醒来的时候,我又快被气死了。她用我的口红在厕所的瓷砖到处乱画。我真想过去揞她,但我还是没那么做。我平静地问她:"玛丽,你这么做,是不是因为我昨天对你发怒,拿走你的画笔?"

她点点头。

我说:"玛丽,墙上被画得乱七八糟,我非常非常生气。我要花很长时间,才能把它们弄干净。"

你猜她干嘛了?她拿来抹布,开始擦瓷砖上的口红。我告诉她怎么用肥皂水来擦。她大约花了10分钟的时间在擦瓷砖。后来,她叫我进去,大部分的口红已经擦掉了。我谢过她后,把彩笔还给她,又在她房间放些纸,让她想什么时候画,就什么时候画。

我很自豪。我给丈夫打电话,告诉他发生的事情。

现在一个月过去了,玛丽再没有在墙上画了。

上星期,我刚上完课回到家,就接到丹尼数学老师的电话。她好像很生气,告诉我丹尼现在成绩落后,扰乱上课纪律,不会背乘法表,让我在家应该多加管教。我谢过了老师,心里气得发抖。第一个念头就是:"他该受罚。不学好乘法,上课管不住自己,就不许看电视。"

还好,他从学校回来的时候,我已经冷静了一个小时。丹尼进屋后,我们开始了这样的对话:

我:柯老师今天打电话来了,她好像很生气。

丹尼:哦,她总爱生气。

我:我觉得这事儿挺严重的。她说你扰乱上课,还不会背乘法表。

丹尼：嗯，那是因为米切尔一直用笔记本打我的头，所以我就用我的本打了他。

我：你觉得你是在报复他吗？

丹尼：什么是报复？

我：就是还击。

丹尼：对啊。他有的时候写纸条砸我，还踢我的椅子，我不理他的话，他就一直踢。

我：难怪你没法好好上课。

丹尼：我能背到6了，只是还不会7和8。

我：嗯……丹尼，你觉得把你和米切尔的座位调远点，会不会好些？

丹尼：我不知道……也许吧……我好好学的话，能背会7和8的。

我：我觉得应该让柯老师知道这些。我们给她写封信吧，你觉得呢？（丹尼点点头）我拿来纸和笔，开始写：

"亲爱的柯老师：

我们电话说的情况，我已经和丹尼讨论过了。他说……"丹尼，我该怎么跟她说？

丹尼：告诉她，把我和米切尔的座位调远点。

我：（开始写）"他说希望给他调下座位，别和米切尔离太近。"是这样吗？

丹尼：没错。

我：还有吗？

丹尼：（停顿了很长时间）告诉她，我会把乘法表的7和8写出来，然后自己多练几遍。

我：（我写下来，读给他听）"他还计划把乘法表的7和8写出来，自己练习。"还有吗？

## 第 3 章 代替惩罚的方法

丹尼：没了。

我：我结尾写："谢谢你，多费心。"

我又完整地给丹尼读了一遍。我们俩都签了字，让他第二天带到学校。结果，丹尼回家后的第一件事，就是告诉我，柯老师把米切尔的座位换了，还一整天都对他很友好。

下面的事例来自一位妈妈，她参加我们前几次课程的时候，对课程的内容有些无动于衷，甚至表示怀疑。等到第四次来上课的时候，她激动地给我们讲述：

我一开始，并不相信这里讲的方法对我的孩子适用。万恩特别调皮，管不住自己，他唯一能理解的就是惩罚。上周，我的邻居告诉我，他横穿一个特别繁华的街区，那个地方是坚决不让他去的。我不知道该怎么办了。我已经没收了他的自行车、不让他看电视、取消了他的零花钱……已经没剩什么可惩罚了。无奈之下，我决定试试在父母小组里学到的方法。我回到家，对万恩说："万恩，我们现在有个问题要解决。你是不是想自己过马路，不让别人干涉。对吗？"他点点头。"但我的想法是：6 岁的孩子自己横穿马路很危险，那条马路出过很多事故。我很担心你。"

"我们要想办法来解决。你先想一想，晚饭的时候告诉我。"

万恩马上就想说。我告诉他："现在不行。这是个严肃的问题。我们俩多想些办法出来。晚饭的时候，和爸爸一起讨论。"

那天晚上，我提前告诉丈夫"多听少说"。万恩很快洗完手，坐在座位上。爸爸一回家，他就激动地说："我有个办法！每天晚上，爸爸回家后，带我到街角，教我怎么看红绿灯，怎么过马路。"他停顿了一会儿,接着说:"等我7岁生日的那天,自己过马路。"

我丈夫吃惊得差点从椅子上摔下来。看来,我们都低估了儿子。

在我忙着做饭的时候,儿子尼可(10岁)很不经意地告诉我,他的三个笔记本不见了。那可是我花了九美元给他买的,我气坏了。第一个冲动,就是打他、惩罚他。尽管我已经气过头了,但还是控制住了自己。我尽量用"我"来开始每个句子。我用尽了全身的力气对他喊叫:

"我气死了!我气疯了!丢三个本,我又要花九美元去买!太让我气愤了!我现在忙着做饭,还要停下来,处理你的问题!!我要气炸了!!!"

当我停止吼叫的时候,尼可那张充满关切的小脸出现在门口,对我说:"妈妈,对不起。你不用花九美元了,从我零花钱里扣吧。"

我咧嘴笑了,气全消了。我相信自己消气从来没有这么快,也从来没有这么彻底。丢几个本和一个这么关心妈妈感受的儿子比起来,实在算不了什么。

# 第三部分　更多关于"解决问题"的建议和事例

## 解决问题前

为了能让"解决问题"的过程进展顺利,我们需要对自己做一些"心理暗示":

⊙ "我要尽可能地接纳和倾听孩子。我会尽可能地得到一些以前忽略的信息和感受。"

⊙ "我要避免武断、评价、说教。我不去试图劝说。"

⊙ "我会考虑任何新想法,不管是不是现实。"

⊙ "我不去担心是否立刻见效。如果我们没能找到行之有效的办法,说明还需要认真思考、仔细调查以及更多地讨论。"

重点在于"尊重"——对孩子、对我们自己,以及对我们在集思广益的时候出现的各种可能性。

## 关于"解决问题"每个步骤的注意事项

在开始之前,先问一下自己:"我现在还在气头上吗？我现在足够冷静吗？"(在气头上的时候,不要开始"解决问题"。)然后,看一下孩子的情绪:"你现在方便讨论这件事吗？"。如果孩子回答"是",接着:

1. 讨论孩子的感受和需求。(我想你大概觉得……)

不要急于完成这一步。你的态度应该是"这次我是真的想搞清楚你的感受。"只有当孩子觉得被倾听、被理解的时候,他才能考虑你的感受。

**2. 说出你的感受和需求。(我的感受是……)**

这一部分要简短清晰。如果你不停地说你的担心、愤怒和郁闷,孩子就很难听下去。

**3. 一起讨论,找到大家都接受的解决方法。**

有可能的话,让孩子先说几个想法。最关键的是,对任何一个想法都要避免评价和论断。当你说出"这个主意不好"的时候,整个过程就前功尽弃。要接纳所有的想法。往往最不受欢迎的想法,会引发我们想出最好的、最有效的解决办法。关键的一句话是,"我们把所有的想法都写下来。"写本身并不重要,但把想法写下来,会让说出想法的人感到被尊重。(有时会听到孩子说:"我妈妈特聪明,她能把我所有的想法都写下来。")

**4. 挑出哪些建议你们接受,哪些不接受,哪些要付诸行动。**

注意不要说贬低的话。("这是个愚蠢的主意。")而是描述你个人的反应:

"这个让我感觉不舒服,因为……"或者

"这个我好像可以做到。"

**5. 跟踪执行。**

找到一个可执行的解决办法,会让我们很欣喜。同时,制定详细的执行计划也是非常重要的。我们有必要加上:

"把计划变为行动,我们还需要做什么?"

"谁来负责这个?"

"我们什么时候可以完成？"

**6. 不允许孩子指责你的任何观点。**

孩子：是啊。这不可能。因为你总是……你从来不……。

这种情况出现时，家长坚定的态度很重要。

家长：不指责也不讨论以前发生的。我们现在重点讨论的是以后怎么办！

## 关于"解决问题"的常见问题

**1. 我和孩子制定的计划执行一段时间后，贯彻不下去了，怎么办？**

这时候在考验我的决心。我们可以选择回到原来的说教和惩罚，也可以选择再做计划。例如：

家长：我很失望，我们的方法不管用了。我发现自己又在替你做事情。我不能接受。要不我们重新开始执行？……或者我们讨论一下，看如何改进？……或者我们再想想有没有别的方法？

我们都知道没有一种方法是永远见效的。他4岁时适合用的方法，不一定适合5岁的时候；冬天适合的方法，不一定适合春天。生活是一个不断需要调整的过程，重要的是让孩子觉得他是在参与解决问题，而不是在制造问题。

**2. 每次都需要用到"解决问题"的每一个步骤吗？**

不。任何一步都可以帮助我们解决问题。指出需求上的冲突可以很快找到解决办法。例如：

妈妈：现在有个问题：你想让我带你买球鞋，我想收拾衣服，做饭。

孩子：你准备走的时候，我来收拾衣服，等我们买鞋回来，我帮你做饭。

妈妈：我看可以。

3. **用了所有的步骤以后，还没有达成共识，怎么办？**

这是有可能的，但也没损失什么。通过讨论问题，使我们了解对方的需求和感受，这也往往是我们在解决难题时所期望的。有时候，我们只是需要时间去思考。让事情再渗一渗，就可以找到办法了。

4. **如果孩子不愿意和我坐下来"解决问题"，怎么办？**

有一些孩子不喜欢这个方法。对于大一点的孩子，把同样的思路写在便条上，也一样有效。

亲爱的约翰：

我想听一听关于……的问题，你是怎么想的。你是不是（想、需要、觉得……），我（想、需要、觉得……），请告诉我你有什么解决办法，能让我们都接受。

爱你的爸爸

5. **这个方法对大一点的孩子，是不是不太好用？**

这个方法对小一点的孩子很有用。但是在后面，你可以看到"解决问题"的技巧在各个年龄段孩子的运用。

## 解决问题

**情景**：朋友刚刚把借走的摇篮还回来。两岁的孩子布瑞恩，仔细看着它，被它的颜色吸引住了。

布瑞恩：妈妈，我要坐进摇篮里。

妈妈：宝贝，你太大了，进不去。

布瑞恩：能进去，我要进去。（开始往里爬）

第 3 章　代替惩罚的方法

妈妈：(制止他)布瑞恩,妈妈说过了,你太大了,进不去。你进去会把摇篮撑破的。

布瑞恩：求你了,妈妈！让我进去。现在就进去！(开始哭)

妈妈：我说过,不行！！(不好,我一出口,立刻意识到自己错了。我马上决定和她一起解决问题。)

妈妈：宝贝,我知道你现在有多想坐进去。坐上去一定很好玩,我都想进去。问题是我进不去。我们俩都太大了。

布瑞恩：妈妈也太大了,和布瑞恩一样。(布瑞恩离开房间,拿来了充气小熊,把它们放在摇篮里。开始前后摇起来。)

布瑞恩：来看,妈妈。布瑞恩摇小熊,可以吗？

妈妈：哦！小熊坐进去正合适。

在训练 3 岁儿子上厕所的过程中,我吃尽了苦头。后来,我想和儿子一起试试"解决问题"的办法。我坐下来,对儿子说:"大卫,我知道,让一个小孩子学会上厕所真的不太容易。有时候你正忙着玩的时候,真的想不起来要去厕所。"

他睁大眼睛,看着我,没说什么。我接着说:"即使你想起要去的时候,也很难及时跑过去,坐到马桶上。"

他点点头,"是的。"

我让他拿来纸和蜡笔,一起想想有什么办法可以解决这个问题,然后写下来。他跑回房间,拿来一张黄纸和一支红笔。我坐在边上,开始写。

我先听他说了两个办法。

⊙买一个吉姆浴室里那样的小凳子；

⊙妈妈询问大卫是否想上厕所。

大卫接着说:"芭芭拉和皮特可以帮我。"(皮特是他的朋友,已经能自理了。芭芭拉是皮特的妈妈。)

"皮特穿大男孩的裤子。"

我写下:"给大卫买大男孩的裤子。"

第二天,我跑出去给他买来小凳子和大男孩穿的裤子。大卫对这两样东西很满意,拿去给皮特和芭芭拉看,他们也给他鼓励。

我们还讨论了肚子感到有压力的时候,就是要上厕所了,赶紧去厕所,脱下裤子。

他知道了我很了解他的困难。三个月过去了,他现在已经能完全自理了。他很为自己自豪!

我迫不及待地等待着下一次上课,因为我太想和大家分享激动人心的经历了。我终于解放了!我3岁半的女儿瑞切儿也解放了!这都是从星期二早上接到那个电话开始的。

朋友:"苏珊,下午帮我照看一下丹尼好吗?"

我说:"好。"

挂了电话,我才意识到我要去买东西,又要带着两个孩子。而瑞切儿上午还要参加45分钟的学前班户外活动,并且我必须在边上一直陪着她,她才肯去。别的妈妈都是送完孩子就走,我却必须留下。

我对瑞切儿说:"我必须在你上学前班的时候,去买东西,因为下午丹尼会和我们在一起,我就没时间去买了。"

瑞切儿开始掉眼泪了。我正好有机会运用"解决问题"的技巧了。我对她说:"我知道你难过。我们怎么办呢?不如我们把办法写下来吧。"

**问题**:妈妈要去买牛奶。等瑞切儿的学前班结束后就没有时间了。她不得不在瑞切儿上学前班的时候去买。

**解决这个问题的办法**:

1.学前班的时候去买,快去快回。(我的)

2. 别买牛奶。(女儿)
3. 学前班结束后再去。(女儿)
4. 妈妈买东西的时候,瑞切儿唱歌、画画、玩。(我的)
5. 瑞切儿呆在学前班,妈妈去买东西。(我的)
6. 妈妈只买一样东西,赶快跑回来。(女儿)
7. 明天要一起去买口香糖。(女儿)
8. 瑞切儿想哭的时候就可以哭。(女儿)

我们把列的这几项读了一遍。我给她解释,如果我不去买牛奶,瑞切儿和爸爸会失望的。所以我们把那条去掉。我又解释,学前班结束后,我就没时间去买了,所以我们也把这条去掉。瑞切儿似乎很满意了。

我们到了学前班,瑞切儿提醒我就去一个商店,然后她就和其他孩子围成一圈,玩游戏。

我直奔商店,回来的时候,还有很多时间可以看着瑞切儿和别的小朋友专心地玩游戏。活动结束后,瑞切儿第一句话就是:"你去买东西了吗?"

"当然去了。你一定很自豪吧。自己待在这里,不要妈妈陪。"瑞切儿点点头。

**星期三早上:**

瑞切儿:(有些紧张)今天上学前班吗?
我:(她实际在问"你陪我呆着吗?")是的。
瑞切儿:哦,妈妈……那,如果我想哭,我就哭。我不想哭,就不哭。
我:我们把这个写下来。

我就把它记了下来。瑞切儿又补充了一条:她要挨着一个好朋友坐。然后她说:"妈妈,你要快点回来,使劲跑!"

我带她去学前班。她抱抱我,亲亲我,提醒我要快去快回。

45分钟后,我回来了。

我:你自己一个人呆着!

瑞切儿:是,我真棒!

**周五早上:**

瑞切儿:妈妈,今天上学前班吗?

我:上啊。

瑞切儿:好,那你写下来:我挨着好朋友坐。

问题解决了!瑞切儿去学前班,不要妈妈陪了!回头想想,我们真的需要付出努力来训练自己,花时间和瑞切儿坐下来,一起解决问题。我很高兴自己做到了,瑞切儿也做到了。

---

我的儿子麦克·霍得,今年5岁半,正上幼儿园。他已经能读三到六年级的书了,词汇量很大。他的理想是当一个外科医生。这出自于我给他读的一些医学书里,有人体各个部位的介绍。麦克晚上常跑到我床上。我想尽办法不让他跑过来,甚至试过凌晨2:30才睡觉。结果等我睡熟的时候,他就拿着枕头、拖鞋、睡袍跑过来,钻到我的被子里。早上我才发现他蜷缩着身子,躺在我身边。他甚至建议让我睡他的床,他睡我的。参加了我们的讲座后,我决定试一种新方法。

我问麦克·霍得,有什么办法能让他别在晚上跑过来。他说:"让我想想。"接着就回到房间。10分钟后,他出来了,手里拿着黄纸和笔。说:"爸爸,做个备忘录。"然后他说我写:

> 亲爱的麦克:
>
>   今天晚上请别过来。
>
> 爱你的爸爸

他离开房间,回来的时候拿来一把尺子和胶带。他量了44英尺(从门到我的房间),把备忘录贴在门上。

麦克说:"如果你不想让我进去,就把它放下来。如果可以进去,就把它卷上去。我就知道可以进去了。"

我说:"谢谢!"

早上6:02麦克上我床上来。(我通常工作日6:00起床)麦克说:"爸爸,天还没亮我就醒了。跑到你房间的时候,看到备忘录是放下来的,但我看不清上面写的什么,后来我想起来上面写的话了,就又回我自己房间了。爸爸,你瞧,你有什么问题,就来找我吧。我来想办法。"

这个方法已经沿用了两个星期了,效果很好。谢谢!

### 杰妮的就寝问题

前一天,我刚学完"解决问题"的课程,第二天晚上,我准备趁热打铁。于是我问杰妮(5岁):

妈妈:有时间聊一聊吗?

杰妮:有。

妈妈:我想和你讨论一下"睡觉"的问题。

杰妮:好啊。

妈妈:这个事情总是让我们俩都不开心。能告诉我你的感受吗?

杰妮:我也不知道为什么,妈妈(她做了个鬼脸,握着拳头),我不能呆在自己屋里。我就想去你们房间。

妈妈:哦,原来是这样……

杰妮:我知道你不喜欢这样。是吗?

妈妈:嗯。我来告诉你我的感受。忙了一天,我盼着能上床休息。暖暖和和地躺在床上,好好睡一觉。如果被人吵醒,我就会很不高兴。

杰妮:我知道了。

妈妈:那我们一起来看看有没有办法,能让我们都高兴。(拿出纸和笔)

杰妮:你想写下来?列清单啊?(她有些兴奋的样子)

妈妈:对。你能先开始吗?

杰妮:我想到爸爸妈妈的床上。

妈妈:好。(写下来)还有吗?

杰妮:我也可以叫醒你们。

妈妈:嗯……(接着写)

杰妮:我可以蹲在墙角,在夜灯下看书。

妈妈:我觉得可以……

杰妮:如果我有台灯……能给我个台灯吗?

妈妈:(写下来)用台灯干什么?

杰妮:(激动起来)我可以读书,玩我的压舌板(爸爸是医生),写信……

妈妈:有人好像有些激动哦。

杰妮:好了,第四是什么(清单上的排序)?

妈妈:还有吗?

杰妮:(很快)我能喝饮料吗?

妈妈:嗯。(写下来)

杰妮:第五是轻轻走过去,看你能不能让我进去。

妈妈:清单有了!来我们过一遍。

杰妮在第一个和第二个上面打了叉,她说第二天去买台灯、便笺

### 第 3 章 代替惩罚的方法

纸、彩笔。我们挑了一个桔黄色台灯(她选的),正好搭配她屋子的红白色。我们过了一个温馨的夜晚,第二天早上,我收到一个盒子,里面装满了她画的画(她想出来的主意)。一个星期过去了,我每天都能睡个好觉。希望我能一直好运。

家长们说,如果孩子习惯了这种解决问题的步骤以后,他们和自己的兄弟姐妹也会采用这个办法。这对于家长来说,的确是个安慰。不用参与,只需要在一边当裁判,解决办法就有了。孩子们把问题叙述一遍,再转回去,让他们自己去解决。"孩子们,这是个难题,但是我相信,你们能一起想出一个大家都接受的办法来。"这样的表达提示孩子:你们应该有责任来解决自己的冲突。下面是来自一位父亲的讲述:

> 布兰达(4岁)和泰勒(2岁半)在外面玩。布兰达骑着泰勒的小三轮车,泰勒也要骑。泰勒歇斯底里地叫,布兰达还是不下车。
> 
> 通常情况下,我会毫不犹豫地说:"布兰达,下来,这是泰勒的,你有自己的车。"但这次,我没有向着泰勒。我说:"我看到你们有个问题,泰勒要骑自己的车,布兰达也想骑她的车,泰勒不让她骑。"然后,我又对她们俩说:"你们可以想个让你们都满意的办法。"
> 
> 泰勒继续哭,布兰达想了一会,对我说:"我骑的时候,让泰勒站在车后面,搂着我的腰。"
> 
> 我说:"这个办法和泰勒商量,而不是我。"
> 
> 布兰达去问泰勒,泰勒同意了!然后,她们骑着车消失在夕阳里。

孩子们想出来的办法,总是能带给我们惊喜。他们独创的办法,往往比父母想出来的更能让他们自己满意。

> 上完"解决问题"的最后一次课,我回到家。我的两个孩子正在气头上,他们都要抢着穿一件红夹克。这件衣服以前是我6岁女儿穿的,现在给了3岁的女儿穿。她们正准备出门,都开始抢这件衣服穿。
> 
> 我让她们停下来,听我说:"你们两个都想穿同一件衣服。"
> 
> "一个要穿她以前的这件衣服。"
> 
> "另一个孩子也想穿,因为这件衣服现在属于她。"
> 
> "我相信你们能想出好办法来。我在厨房,想出来后叫我。"
> 
> 我进了厨房。我和丈夫被她们的讨论惊呆了。五分钟以后,她们回来了,说:"我们想出办法来了!海伦穿着去餐厅,离开餐厅去市场的时候让我穿,让海伦穿我的黄夹克。"

下面的故事讲述的是关于一个小男孩如何处理自己的激动情绪。

> 史格特(8岁)不太会处理自己的愤怒情绪。一天晚上,有什么事情又惹他生气了。他紧握着拳头,咆哮着离开餐桌。不知道该怎么平息自己的愤怒。
> 
> 他回房间的时候,又不小心把我最心爱的花瓶碰倒了。看着花瓶被摔碎在地上,我简直怒不可遏,对他大叫。他跑回自己房间,把门摔上。
> 
> 后来,我丈夫把花瓶粘上,我的怒气也平息了一点。我走

## 第3章 代替惩罚的方法

到史格特房间,敲他的门,他问:"干吗?"我问他可不可以让我进去谈谈。

他感激地看了我一眼,说:"好啊。"我的出现,让他的情绪恢复了一些,也让他觉得我仍然爱他,把他当成一个成人,而不是一个又笨又没有自控能力的孩子。

我问他,当他特别特别生气的时候,是什么感受。他告诉我,他想打人或者摔东西,大声怒吼。我说如果是这样的话,那下次我生气的时候,也进他房间,把他心爱的玩具摔碎。我们互相看了一眼,像是都在说:"这样恐怕不好……"

我问他(手里拿着纸和笔)我们能不能一起找出撒气办法。他给出了下面的建议:

爸爸帮我挂个沙袋;

在墙上放个东西,我可以扔球;

把我的豆包椅挂起来;

把收音机音量开到最大;

装个单杠;

用枕头砸自己脑袋;

摔门;

使劲在地板上跳;

在床上跳;

不停地开灯关灯;

出去绕着房子跑十圈;

撕纸;

掐自己。

我什么也不说,只管把它们写下来。有意思的是,等念完以后,他知道有的肯定不允许做,嘿嘿地笑,像是让我知道那些不是他真心想做的。

我们一起看刚才写的,我去掉一些,并且和他解释为什么我不接受。最后我们完善出了四个:

给爸爸修沙袋和挂沙袋的时间;

单杠放在他门口;

只能在白天围着房子跑。

提到撕纸的时候,我说:"有一个问题要注意。"

他说:"哦,我知道了,撕完了收起来。"

这时候,我们已经亲密地坐在一起,平静地讨论。我最后对他说:"我只想加上一条,保证在你每次生气的时候都能管用。"

"那就是把它说出来。"他马上回答。

我们一起开心地上床睡觉去了,感觉真是不错。

—— 第 4 章 ——

## 鼓励孩子自立

*Encouraging Autonomy*

# 第一部分

很多育儿书里都提到,家长培养孩子的一个最重要的目标,就是让孩子与我们保持独立,帮助他们成为一个独立的个体,有一天当他们离开我们的时候,能自己独当一面。我们希望不要把孩子当成自己的翻版或者延伸,而是一个独立的人,与我们有着不同性情、不同品味、不同感知、不同期望、不同梦想的个体。

如何帮助他们成为一个自立的人?让他们自己做自己的事情,让他们亲自经历各种问题带来的挣扎,让他们在自己的错误中得到成长。

说起来容易,做起来难。我仍然清楚地记得,我第一个孩子刚开始学习系鞋带时,看到他艰难的样子,我耐心地站了 10 分钟,最后,终于忍不住还是帮他系上。

每次女儿一提到她和朋友吵架,我就马上跳出来给她建议。

如果孩子所有的事情都听我的,那怎么可能让孩子从错误和失败的经历中得到成长?

你也许会想:"帮孩子系个鞋带,告诉他们怎么处理和朋友的冲突,让他们避免犯错,这些至于那么严重吗?不管怎么说,孩子毕竟还小,没有经验,他们确实要依赖周围的成人。"

这就是问题所在。当一个人一直依赖另一个人的时候,会产生某种情绪。为了说明这些感受是什么,我们来看下面描述,写下你的反应。

Ⅰ. **你今年 4 岁,每天都听见父母这样对你说:**

"多吃豆角,蔬菜对你的身体有好处。"

"来,我给你把拉锁拉上。"

"你累了,躺下歇会儿。"

"别和那个男孩一起玩,他说脏话。"

"你真的不想上厕所吗?"

你的反应:_____

_____

_____

Ⅱ. **你今年 9 岁,每天都听见父母这样对你说:**

"不用试那件夹克,绿的不适合你。"

"把瓶子给我,我来帮你把盖儿拧开。"

"我已经把你的衣服收拾好了。"

"作业需要我帮忙吗?"

你的反应:_____

_____

_____

Ⅲ. **你今年 17 岁,父母对你说:**

"你别学开车了。我太担心出事故了。你想去哪儿,和我说就行了。我愿意开车送你去。"

你的反应:_____

_____

_____

## Ⅳ. 你已经成人了。老板对你说：

"和你说点事儿，也为了你好。以后不用操心什么合理化建议，只管做好你自己的事，我付你工资是让你来工作，不是让你来提建议。"

你的反应：_____
_____
_____
_____

## Ⅴ. 你是某个国家的公民。在一次公开会议上，一位来自富裕国家的要人宣称：

"因为你们国家还很年轻，也欠发达，我们不能无视你们的需求。我们会派来专家和物资，告诉你们怎么运作农场、学校、公司和政府机构。我们还会派专业的人口发展计划专家，帮助你们国家如何降低人口出生率。"

你的反应：_____
_____
_____
_____

也许你并不想让自己的孩子也有你刚才写下的这些感受。当一个人处在依赖别人的境地，随之而来的，除了有点感谢以外，更多的感觉是没有能力、没有价值感、怨恨、挫败和生气。这个无奈的事实让我们做家长的进退两难。一方面，我们的孩子的确需要我们，因为他们年轻没有经验，太多的事情需要我们告诉他们怎么做，另一方面，他们的依赖又导致对我们的敌意。

有什么能让孩子依赖感降到最少？有什么办法能让孩子成为一个有责任感的人？幸运的是，鼓励孩子自立的机会每天都有，这里提供了详细的技巧，让孩子依靠自己，而不是依靠我们。

---

**鼓励孩子自立的六个技巧**

1. 让孩子自己作选择。
2. 尊重孩子的努力。
3. 不问太多问题。
4. 别急着告诉答案。
5. 鼓励孩子善用外部资源。
6. 别毁掉孩子的希望。

---

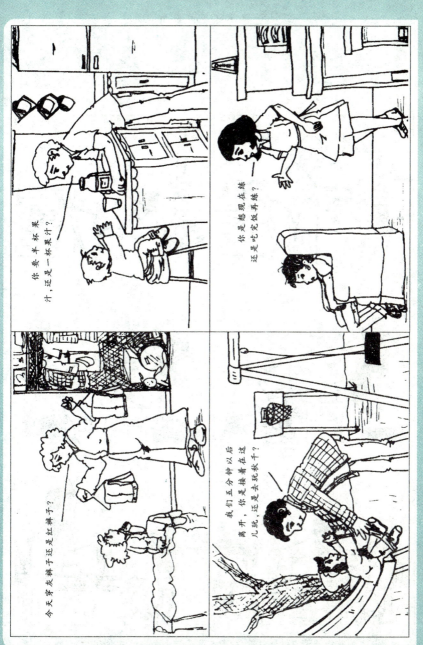

这些选择给孩子提供了很有价值的练习作决定的机会。如果从小没有经历过自己作选择,将来对职业、生活方式、伴侣的选择就会变得困难。

## II 尊重孩子的努力

当孩子的努力得到尊重,他就会集中精力去自己解决问题。

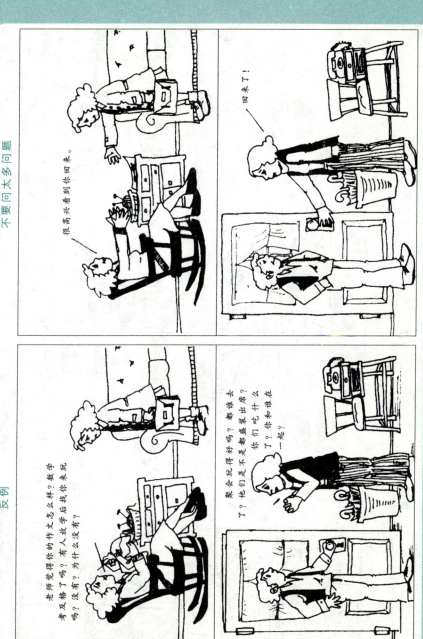

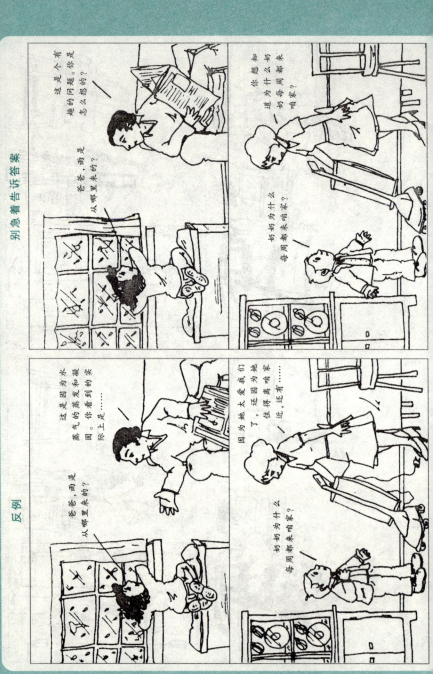

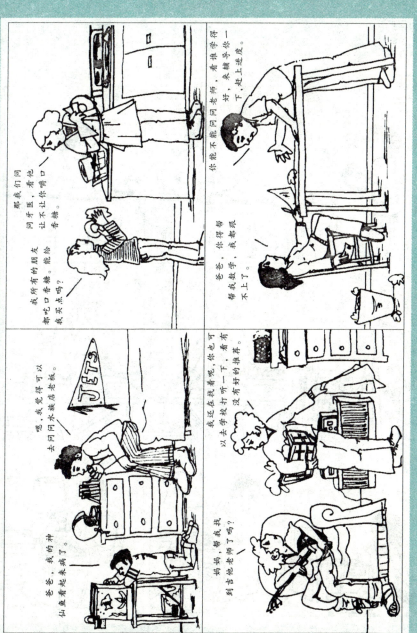

## VI 别毁掉孩子的希望

## 第 4 章 鼓励孩子自立

尽管刚才所列的许多技巧看似容易,但实际上没一样简单。需要我们下决心,多用这种方式和孩子交流来培养他们的独立意识。

下面的练习,可以看到六种家长常用的方式。请用一种鼓励孩子自立的方法来修正。

**家长原话:**

1. 现在就去洗澡。

2. 穿靴子怎么会这么难?把脚伸进来。我给你弄。

3. 今天的露营好玩吗?游泳没有?喜欢别的小孩吗?辅导员怎么样?

**用鼓励自立的方式修正:**

1. (让孩子自己做选择)_____
_____
_____
_____
_____

2. (尊重孩子的努力)_____
_____
_____
_____
_____

3. (不问太多问题)_____
_____
_____
_____
_____

4. 孩子：为什么爸爸每天都要工作？

家长：爸爸每天工作，咱们才有房子、好吃的、漂亮衣服……

4.（不急于给孩子答案）
_____
_____
_____
_____
_____

5. 少年：我现在太胖了，我想让你帮我减肥。我该吃点什么？

家长：我几年前就告诉过你，少吃点心和糖，多吃水果和蔬菜。

5.（鼓励孩子善用外部资源）
_____
_____
_____
_____
_____

6. 少年：爸爸，我长大了想当老师。

家长：别抱什么指望了。毕业后都找不到工作。

6.（别毁掉孩子的希望）
_____
_____
_____
_____
_____

如果你认为刚才练习当中，这六个技巧并不是唯一鼓励孩子学会自立的方法的话，那就对了。事实上，我们到目前为止学到的所有技巧，都是要帮助孩子看到自己是个独立的、有责任感的、有能力的人。我们倾听他们的感受、分享我们的感受、邀请他们和我们一起解决问题，所有这些都是在鼓励他们能自立。

对我来说，鼓励孩子学会照顾自己的生活琐事是需要根本性的改变的。我仍然记得奶奶羡慕地说起一位邻居："她是最棒的妈妈。她愿意为孩子做任何事情。"在我的思想里,一直认为好妈妈就应该为她的孩子做所有事的。到现在,我比她更进一步,我不光为他们做,我甚至为他们想。结果呢?每天在一些琐事上,总是意见不合,最后大家都不欢而散。

当我最后把本该属于孩子来承担的责任,还给他们时,每个人的脾气都有改善。下面的方法帮助了我:每当我觉得自己又要开始参与或争论的时候,我问自己:"有没有其他的选择?……我必须要承担吗?……或者我能让孩子们来负责吗?"

下面练习中,可以看到有一系列的情况会让父母争论、参与,或两者都有。读的时候,问问自己:

1. 我说什么或做什么能让孩子继续依赖我?
2. 我说什么或做什么能鼓励孩子自立?

## 可能用到的技巧

| 新技巧 | 以前学到的技巧 |
| --- | --- |
| 让孩子自己做选择 | 接纳孩子的感受 |
| 尊重孩子的努力 | 说出你的感受 |
| 不问太多问题 | 提示 |
| 别急着告诉他们答案 | 解决问题 |
| 鼓励孩子善用外部资源 | |
| 别毁掉孩子的希望 | |

孩子:我今天上学迟到了,你明天早点叫我。

家长:(让孩子继续依赖)＿＿＿＿＿＿＿＿＿＿＿＿＿＿＿＿＿

＿＿＿＿＿＿＿＿＿＿＿＿＿＿＿＿＿＿＿＿＿＿＿＿＿＿＿＿＿＿

家长:(让孩子独立)＿＿＿＿＿＿＿＿＿＿＿＿＿＿＿＿＿＿＿＿

孩子:我不喜欢吃鸡蛋,面食也吃烦了。我不想再吃早饭了。

家长:(让孩子继续依赖)_____

_____

家长:(让孩子独立)_____

_____

孩子:外面冷吗?我用不用穿毛衣?

家长:(让孩子继续依赖)_____

_____

家长:(让孩子独立)_____

_____

孩子:哦,倒霉!我怎么老是系不上扣子?

家长:(让孩子继续依赖)_____

_____

家长:(让孩子独立)_____

_____

孩子:你知道吗,我计划攒零花钱买一匹小马?

家长:(让孩子继续依赖)_____

_____

家长:(让孩子独立)_____

_____

孩子:贝迪让我参加她的聚会,但我不喜欢她邀请的那些人。我该

## 第4章 鼓励孩子自立

怎么办?

家长:(让孩子继续依赖)_____

_____

家长:(让孩子独立)_____

_____

我发现有些回答很快就能写下来,有些则需要想一想。找到一种新的语言来鼓励孩子有责任感,对我们的确是个挑战。

事实上,鼓励孩子自立的整个过程可能会非常复杂。我们理解了培养孩子独立的重要性,同时,内心也是充满了矛盾。首先是图省事。我们多数人现在都很忙碌,通常都会叫孩子们起床,给他们扣扣子,告诉他们吃什么,穿什么。这样又方便又快捷。

其次,在情感上,我们无法割断与孩子的紧密联系。我们无法不视他们的失败为我们的失败。也做不到,明明几句话就可以让他们避免痛苦或失望,但也要眼睁睁地看着自己最亲近的人面对挣扎或犯错。

我们还要克制自己不提供建议,尤其是我们确信自己知道怎么做的时候。我知道当孩子问我"妈妈,你说我该怎么做?"的时候,我要控制住自己不马上告诉他该怎么办。

更困扰我们的是,我们不能承受孩子不再需要我们时的失落感。我还清清楚楚地记得三个小生命曾那么需要我,这种需要让我感到从未有过的满足。当发现闹钟叫醒比妈妈的呼唤更有效时,当孩子们终于会自己读故事书,不用我再给他们讲故事的时候,我的心情很复杂。

孩子的成长也带给了我内心的矛盾,所以我特别能理解一个幼儿园老师给我讲的事情。这个老师费劲说服一个妈妈,让她不用再在教室陪他的儿子了。妈妈走了五分钟后,小乔纳森要上厕所,老师劝他快去,他不高兴地叨叨:"不行。"

她问:"为什么不行?"

"因为妈妈不在这儿。"乔纳森解释道,"我上完厕所,她给我鼓掌。"

老师想了一会儿,说:"乔纳森,你可以上完厕所,自己给自己鼓掌。"

乔纳森瞪大眼睛,看着她。

老师带着乔纳森去厕所,等着他。几分钟后,厕所里传来鼓掌的声音。

后来,那位妈妈打电话给老师,说乔纳森回家后说的第一句话就是:"妈妈,我可以为自己鼓掌了,我不再需要你了。"

"你相信吗?"老师惊讶地对我说:"那位妈妈说,她其实很失落。"

我相信。我相信尽管我们为孩子的进步感到骄傲,也为孩子的成长感到欣慰,但同时,也会为他们不再需要我们而感到失落。

每个家长都在经历一次"痛并快乐着"的旅行。一开始,我们献身于一个弱小无助的生命,几年来,又经历为他们担心、给他们安慰和理解、为他们做人生计划的过程。把我们的爱、我们的体力、我们的智慧和经验都给了他们,为的是有一天能让他们有内在的力量和信心离开我们。

## 作业

1. 至少把两个技巧运用在你鼓励孩子自立的行动中。让孩子感到自己是个独立的、有能力的、自立的人。

2. 孩子的反应是什么?

_____

_____

3. 你替孩子做了什么他/她自己可以做事情吗?

_____

_____

_____

4. 你怎么把责任归还给孩子,而不至于让他们觉得压力太大。(大部分孩子不喜欢听到"你已经是大孩子了,应该自己穿衣服,吃饭,收拾床。")

_____

_____

_____

  5. 阅读第二部分

## 鼓励孩子独立

**1. 让孩子自己做选择**

"今天穿灰裤子还是红裤子?"

**2. 尊重孩子的努力**

"瓶子不容易打开。有时候,用勺子翘开一边可能会有用。"

**3. 不问太多问题**

"回来了!"

**4. 别急着告诉他们答案**

"这是个有趣的问题。你是怎么想的?"

**5. 鼓励孩子善用外部资源**

"我觉得可以去问问水族店老板。"

**6. 别毁掉孩子的希望**

"你想试试主角,这会是个不错的经历。"

# 第二部分　建议、常见问题和来自家长的故事

## 针对每个技巧的建议

**I. 让孩子自己做选择。**

问孩子要半杯牛奶还是一杯,面包烤的时间长点还是短点,这些问题看似不合理,但对孩子来说,每个小小的选择都会让他有机会控制自己的生活。孩子们必须要做的事情实在太多了,我们不难理解他们为什么会沮丧和执拗。

"你必须吃药。"

"别敲桌子。"

"赶快上床睡觉。"

如果我们能给孩子们一个"怎么去做"的选择,那么这些选择就足以减少孩子的沮丧心情。

"看得出来你不想吃药。你是愿意用苹果汁喂药还是用姜汁？"

"这声音让我不舒服。要么别敲,要么回你房间敲,你选吧。"

"现在是爸爸妈妈谈事、你睡觉的时间,你是愿意现在就睡,还是先在床上玩一会,睡的时候叫我们过去？"

有的家长在运用这个技巧的时候,会感觉不舒服。他们认为一个强制的选择根本不算选择,只不过是用另外的方法限制孩子,把拒绝变得"合理化"。也有家长认为,通过孩子的参与,他能想出让大家都接受的选择。下面是一个爸爸的讲述:

"我和妻子正要带托尼过马路,他今年3岁。托尼不愿意我们拉着

他的手过马路,他老想挣脱,有时候在马路中间也这样。这次过马路以前,我问他:'托尼,你有两个选择:你要么牵妈妈的手,要么牵我的手,或者你再想出其他保证安全的办法。'"

"托尼想了一会儿,说:'我抓着推车。'他的想法真不错。"

## II. 尊重孩子的努力。

我们常常会认为我们让孩子做的事情都很简单。我们还会鼓励他们"试试看,很简单。"如果他做成了,那也是做成了一件"简单"的事,没有什么成就感;如果没做成,他会觉得连"简单"的事情都没做好。

换个说法,如果我们说:"这不太容易。"或者:"这可能会有点难。"他们会传达给自己不同的信息。如果成功了,他会很自豪自己完成了一件难事,如果失败了,至少他们知道这个事情完成起来比较困难。

也有些家长觉得说"这可能会有点难"有些虚假。但是如果他们能从一个没有任何经验的孩子的角度去看,就会意识到任何事情第一次去做的时候,都会很难。(避免说:"这件事对你来说有些难。"孩子会想:"为什么对我来说难,不是对别人来说难?")

有的家长抱怨,他们不能忍受自己站在那里,看着孩子挣扎而无动于衷。这时候,我们建议你可以给孩子一些提示,而不是去替他做。

"有时候,把拉锁头撑直,拉锁会容易拉一些。"

"有时候,做东西以前把粘土揉成软球会好些。"

"有时候,在上锁以前,把锁头来回转动几下会好些。"

我们喜欢用"有时候……会好些"这样的表达,因为即使不管用,孩子也不会觉得很失败。

那么,这是不是意味着,任何时候我们都不能为孩子做我们能做的事情?相信每个父母都能感觉到孩子很累、需要特别关注或者想撒娇的时候,希望我们帮他们做事情。同样,在某些情况下,即使我们完全有能力自己做,但如果有人帮你梳一梳头发,拉一拉袜子会带给你一些安慰。作为父母,我们培养孩子的基本原则是让孩子有责任感,但偶尔我们也非常愿意"替他们做事"。

## Ⅲ. 不问太多问题。

"你去哪儿了?"……"出去了。"……"出去干嘛了?"……"什么也没干。"这段经典的对话随处可见。孩子们在没准备好怎么回答,或者不愿意回答的时候,他们防御性的回答就是:"我不知道。"或者:"别烦我。"

一位母亲告诉我们,她原来觉得如果不过问孩子就不是一个好家长。但后来,她惊喜地发现,如果不狂轰乱炸地问孩子问题,而是在他想说的时候,认真倾听,他就会愿意和你说。

那么,这是不是说任何时候都不能过问孩子?绝对不是。重要的是注意你的问题可能带来的后果。

**注意**:家长普遍爱问的一个问题"今天开心吗?",可能会给孩子带来压力。他们不仅要去聚会、上学、玩、露营、参加舞会,还要让自己开心,如果不开心,就会让自己和家长都失望。


## Ⅳ. 别急着告诉答案。

在孩子的成长过程中,常常会问到各种各样令人困惑的问题:

"彩虹是什么?"

"小孩子为什么生下来就不能回去了?"

"为什么人不能想做什么就做什么?"

"我一定要上大学吗?"

家长经常会被这些问题搞得很尴尬,然后立刻开动脑筋,想出一个合适的答案。他们给自己的这种压力其实没有必要。通常在孩子提问题的时候,他们已经在想答案了。他只是想让成人作为一个回应者来帮助他们更深入地探索他们的想法。

急于给孩子答案,对他们没有帮助,就像是我们在替他们做脑力劳动。把孩子的问题反问回去,让他们做进一步的思考,才是最有帮助的:

"你想知道是怎么回事?"

"你是怎么想的?"

我们甚至可以重复他们的问题。

"为什么人不能想做什么就做什么?"

我们可以称赞孩子提的问题:

"你问了一个重要的问题——一个哲学家问了几个世纪的问题。"

不必急于回答问题,寻找答案的过程和问题本身一样有价值。

### V. 鼓励孩子善用外部资源。

减轻孩子对家庭的依赖,告诉他在外界有许多有价值的资源可以利用。我们的生活不是孤立的,只要你需要,总能找到帮助。

这个方法除了对孩子有益外,也减轻了家长的负担。校医可以和超重的孩子讨论饮食习惯,鞋店的售货员可以解释长时间穿运动鞋对脚的影响,图书馆员能帮助青少年攻克一项艰巨的研究课题,牙医能解释不刷牙的后果。所有这些外界资源可以给孩子提供更多的信息,而不只是从爸爸妈妈这里得到答案。

### VI. 不要放弃希望。

生活的很多乐趣来自梦想、幻想、期待和计划。让他们对实现梦想失望,也让他们失去了实现梦想的人生经历。

一位父亲和我们谈到,他9岁的女儿很喜欢马。一天,她问爸爸可不可以给她买匹马。他尽力忍住不去告诉她这不是简单的钱、空间和城镇规定的问题。他说:"噢,你希望能有一匹属于自己的马。给我说说看。"接着,他仔细倾听了女儿叙述的关于马的种种细节:她怎么喂它,怎么装饰它,怎么每天出去骑马。仅仅谈她的梦想,就已经让她很知足了,她没再强迫爸爸真的给她买匹马。但从那次谈话以后,她从图书馆借来了关于马的书,画马的素描,并开始攒自己的零花钱准备给马买块地。几年以后,她申请了一份马场训练员的工作,在那里她可以偶尔骑骑马。14岁那年,她对马的兴趣已经没了。有一天,她宣布她要用买马的钱买一辆变速自行车。

## 更多鼓励自立的方法

Ⅰ. **让孩子拥有自己的身体。**

避免经常帮孩子捋头发、扳直肩膀、摘掉身上的线头、卷起裙边、整理衣领。孩子们会觉得这些动作是对他们身体的侵犯。

Ⅱ. **不要在细节上过多干涉孩子的生活。**

没有孩子愿意听到"你鼻子都快贴在本上了?……写作业的时候,坐直了……把眼前的头发捋一捋,那样怎么看东西?……系上扣子,衣服敞着太邋遢……那件旧汗衫过时了,穿这件新的……你用零花钱买这种东西啊?真浪费钱。"

孩子会不耐烦。"妈——"或者"爸——"意思是:"别烦我了。这不管你的事!"

Ⅲ. **不管孩子多小,不要当着孩子的面议论他们。**

设想一下,你站在妈妈边上,听她和邻居谈论:

"他一年级的时候总是不开心,因为他阅读跟不上。不过现在好多了。"

"她人缘很好,每个人都是她的朋友。"

"别介意,他有些害羞。"

当孩子们听到这样的议论,他会觉得自己像父母的私有财产。

## Ⅳ. 让别人自己去问孩子问题。

人们经常会一遍又一遍地当着孩子的面问父母：

"约翰愿意去上学吗？"

"他喜欢刚出生的小妹妹吗？"

"他为什么不和小妹妹一起玩？"

这时候，真正尊重孩子的做法是告诉问问题的人："你让约翰来告诉你，只有他知道是怎么回事。"

## Ⅴ. 尊重孩子偶尔出现的"没准备好"。

有时候，孩子很想去做一件事情，但是还没做好思想准备，或者身体还没准备好。比如：她希望能自己上厕所，但还没学会；他希望也能像其他孩子一样下去游泳，但还是有点怕水；她不想再吮手指了，但是她烦的时候，还是觉得吮手指挺舒服。

不用去强迫和催促孩子，我们相信她们最终会准备好的。

"我不担心。如果你准备好了，就可以进水里玩。"

"你决心不再吮的时候，就不会吮了。"

"会有一天，你能像爸爸、妈妈那样自己去厕所。"

## Ⅵ. 谨防说太多的"不"。

很多时候父母用生硬的"不"挫伤了孩子的热情，孩子会感觉这是对自己的攻击，他们会尽其所能来反抗。他们尖叫、发怒、骂人、不开心。他们质问父母："为什么不能？……你讨厌……我恨你！"

即使最耐心的父母这时候都会生气。我们该怎么做？投降？还是凡事都说"可以"？很明显，凡事顺从是当然不行的，会让孩子变得专横霸道。还好，我们有方法帮助家长既坚定自己的立场，又不招致对抗。

# 代替说"不"的方法

### A. 提示

孩子:我能去苏珊家玩吗?

代替说"不,你不能去。"

给她摆事实。

家长:我们五分钟后就要吃饭了。

孩子得到这个提示,会对自己说:"我猜我不能去。"

### B. 接纳感受

孩子:(在动物园)我现在不想回家。还能再玩会儿吗?

代替说:"不,我们现在就得走。"

接纳她的感受。

家长:我看出来你不愿意走,想玩很长很长时间。(带她离开的时候)玩得正高兴的时候,真不想离开。

有的时候,一个人的感受被接纳后,他的抗拒心理会减弱。

### C. 描述问题

孩子:妈妈,现在能开车带我去图书馆吗?

代替说:"不能,你得等会儿。"

描述问题:

家长:我想带你出去。问题是电工半小时后就来了。

### D. 有可能的话,用"是"代替"不"

孩子:我们能去操场玩吗?

代替说:"不行,你还没吃午饭呢?"

用"肯定"代替:

家长:当然可以,吃完饭就去。

### E. 给自己时间想想

孩子:我能在盖瑞家过夜吗?

代替说:"不行,你上周刚去过。"

给自己时间想想:

**家长:让我想想。**

这句话有两个效果:让孩子的坚持稍稍放缓(至少他知道自己的要求被认真考虑了),也给家长留出思考时间。

相比之下,说"不"显得简短,上面的叙述略显繁琐。但是,它比说"不"要更有效。

## 更多建议

有一次,我们在给家长小组讲"给孩子建议会影响孩子自立"的时候,很多家长立刻举起手来。他们觉得"这太不着边际了!"他们不能理解为什么不能把家长的聪明才智分享给孩子。下面是一位固执己见的母亲提的问题以及我们的回答。

"孩子遇到问题时,我为什么不能给她建议帮助她?例如:我的女儿,朱莉叶,犹豫去不去她朋友的生日聚会,因为她不喜欢她朋友邀请的那些人,他们经常说别人坏话、骂人。我告诉她:'你还是应该去,要不然朋友该失望了。'这有什么错吗?"

如果你马上给她建议,她要么觉得自己太傻("我为什么自己没想到呢?"),或怨恨("别干涉我的事情!"),要么被激怒("你真以为我不知道怎么处理吗?")

当孩子自己想清楚该怎么做的时候,他有信心并且愿意为自己的决定负责。

"照你这么说,孩子遇到问题的时候,我就什么也不管吗?我曾有几次对朱丽叶说:'这是你的问题,你自己处理。'她似乎很不开心。"

家长忽略孩子提出的问题时会让孩子感到受到伤害,或者被离弃。在忽略孩子的问题和立即给建议这两个极端之间,家长还可以做很多:

⊙1. 帮助她整理纷乱的思路。

"朱莉叶,听你刚才所说的,你的心里很矛盾:一方面,你想参加朋友的生日聚会,另一方面,你不喜欢她邀请的那些女孩。"

⊙2. 把问题重新叙述一遍

"所以现在的问题是:找到一个办法,既能参加生日会,又能躲开那些你不喜欢的女孩。"

问完问题后,最好停顿一下。沉默一会儿,有利于让孩子自己静下心来想出解决办法。

⊙3. 提供外部可利用的资源

"我看到图书馆里有些关于青少年如何处理社交问题的书。看看上面是怎么说的。"

"假如我做了刚才所说的这些,而且想出了一个办法,也确认朱莉叶还没想到,那我可以说出来吗?"

在她完全理清了自己的想法和感受以后,她就能认真倾听你的建议——特别是你用尊重她的方式说出你的建议:

"你觉得这样好不好。把那盘新的笑话磁带带到生日聚会上。那些女孩也许就光顾着笑,没时间说别人坏话了。"

当我们把建议用"你觉得……"或者"你想到过……"的方式来叙述,表明这个建议对我们来说是明智的,但对孩子却未必见得。

"如果我强烈想建议朱莉叶去参加生日聚会,那我也必须一直保持沉默吗？"

孩子把自己的问题琢磨透了，才会倾听父母的想法和劝说：

"就因为那几个女孩错过了生日聚会多可惜。"

"我觉得不应该让朋友过生日的时候失望，尽管需要你委曲求全。"

应该让孩子了解父母的价值观。即使她现在不采用他们的建议，也还是知道有些事情是需要考虑进去的。

## 来自家长的故事

"让孩子独立"的讲座结束后的一个星期里，小组里的家长们彼此分享了很多。

> 这周我和丹尼经历了两个"第一次"。我让他修一下浴缸的水龙头，让他在洗澡的时候能调到合适的水温，我还让他自己做早饭。

> 吃饭的时候，我总是帮瑞切儿切东西。因为我认为她不会用刀。后来，我给她买了一把塑料刀，她用刀切食物的时候，也觉得自己长大了。

> 莎娜小的时候，经常把果汁撒得到处都是。我总是说："哎呀，莎娜。"然后替她擦干净。现在（莎娜15个月了），我把杯子放在她的小桌子上，她第一次撒的时候，我指指果汁，然后教她怎么用餐巾纸擦掉。现在，不管什么时候撒了东西，她都和我要餐巾纸，然后自己主动擦掉。昨天，餐巾纸用完了，她自己吃东西的时候就很小心，还指给我看她的桌子，意思是告诉我她没撒东西。

## 第4章 鼓励孩子自立

我不能忍受孩子用手把食物推到叉子上,把胳膊肘放在桌子上,或者不用餐巾,而是把手上的印渍注衣服上抹。但我也不喜欢老是唠唠叨叨的。

昨天晚上,我让他们来解决这个问题。他们的方案是:每周三个晚上按规矩吃饭。其余的晚上按他们自己的方式吃饭,我不能指责他们。他们甚至建议,每周有一个晚上,我们都用最自然的方式,不用餐具,都用手,包括喝汤也只能用手。当然,这个建议我是不会同意的。

我告诉儿子:"你还有20分钟就该上床睡觉了。你可以继续涂色,然后去睡觉,或者你现在就准备好上床,在床上玩你的马戏灯。"然后他赶紧去穿睡衣,刷牙……

尼克边哭边扣他的上衣。他跑到我这儿,把扣子举到我面前。我说:"这些小扣子真不好扣上,你看起来好难过。"

他回去又接着试。我正要过去替他扣的时候,他说:"扣好了!"然后大步走了出去。

我和四岁的女儿在穿衣服的事情上经常发生争吵。现在不上学的时候,我让她想穿什么就穿什么。上学的时候,我把两套衣服放她床上,让她选。

我真为自己自豪。我和儿子终于不再为该穿毛衣还是该穿夹克的问题争吵了。我告诉他:"山姆,我在想,不用我每天告诉你穿什么,我觉得你可以自己来决定。我们一起来做个表格,根据温度来决定可以穿什么衣服。"

我们一起画表:

20摄氏度以上…………不穿毛衣
10到20摄氏度…………毛衣
10摄氏度以下…………厚夹克

然后,我买来一个大温度计,挂在树上。现在每天早上都出去看温度。我们没有了争吵,我觉得自己像个天才。

我没问豪依任何关于他们露营的问题。我让他在想说的时候,再给我讲。结果,他滔滔不绝地说了很多。

朱迪问我:"我们为什么不找个好点的地方去玩,比如百慕大或佛罗里达?"

我差点开始回答她的问题,马上想起来不能。我说:"为什么我们不去呢?"

她在厨房里踱了几步,说:"我知道,我知道……因为太贵……好,那至少我们可以去动物园吧?"

我已经慢慢习惯了不马上告诉孩子答案,我想儿子也已经在慢慢习惯这些。下面是上周发生的事情:

约翰:告诉我怎么做原子弹?

我:这是个有趣的问题。

约翰:好,快告诉我。

我:我得想一想。

约翰:现在就想,然后告诉我。

我:不行。我们想想谁能帮我找到答案。

约翰:我不想到图书馆去查,你就告诉我吧。

我:约翰,没有任何帮助,我也回答不了。

约翰:那我问爸爸去。如果他也不知道,我就去问威廉

(三年级)。如果三年级的孩子比无知的妈妈还知道的多,那我会疯的!

我:不许骂人!

凯文告诉我,他准备把花园里南瓜卖给邻居。我差点就要去制止他,因为他的南瓜比超市里的小一半,并且我也不想让他打扰邻居。但我最终并没有反对,他非常激动。我不想"毁掉孩子的希望"。

一小时后,他回来了,脸上带着灿烂的笑容。挣了75美分,卖得只剩下一个南瓜了。他还告诉我格林斯潘太太说他是"有魄力的年轻人",并问我:"这是什么意思?"

杰森告诉我他想当警察、消防员、渔夫和宇航员。我没有打击他。

我现在已经不多参与孩子们的冲突了。我告诉他们,我相信他们能自己解决冲突。很多时候,他们的确解决得很不错。

最后这部分是来自课程快结束的时候,家长用文字的形式交给我们的。

到现在,我的朋友们还常说我是个非常自立的人。我来自一个五个孩子的家庭,爸爸从事零售业,一周工作六到七天。我在家里排行老二,不得不变得自立。妈妈不能什么都替五个孩子做,因此她教给我们怎么自己做事情。

然而,我对童年的记忆仍然充满了矛盾。一方面,我很自豪,我不会一遇到问题、恐惧或需求时,就跑到爸爸妈妈那寻求帮助;另一方面,我又希望自己能选择是不是需要依赖父母或让父母帮助。我知道,我的请求多数会因为时间或者别的原因被拒绝——所以我也就不求他们,自己来做。

每个孩子都想长大,但是又希望自己还是被看做孩子,他们需要一步步地成长。我很自豪母亲在日常生活中教会我们的能力,但我仍希望在需要他们的时候,可以选择寻求他们的帮助。

科可从学校回家,有很多事情要做。但是如果我不在后面催他,他就什么也不干。最后,我给他写了一张便条:

亲爱的科可:

爸爸和我很不高兴。因为你没把该做的事情做了。

你做这些事情需要多长时间?24小时?还是更长?我们希望你这周写一个可行的计划。包括:

手臂康复运动10分钟,一天三次。(他胳膊骨折后,没有按照医生的要求做练习。)

遛狗

写作业

练琴

游戏、玩

爱你的妈妈

星期四晚上,他把计划安排交给我们,现在基本上能执行。

保罗很担心他的成绩单。在我们收到之前,他不停地暗示我们说:"我数学考得不好……我无意中在杜老师的成绩

## 第4章 鼓励孩子自立

单上看到了。"

晚饭后,我对他说:"保罗,过来,看看你的成绩单。"他走过来,好像有些担忧的样子,他坐在我腿上,说:"爸爸,你不高兴吧。"

我:保罗,我们来看看。这是你的成绩单,你觉得怎么样?

保罗:你看看数学成绩。

我:现在我不看数学。从上面开始,阅读是"良"。

保罗:嗯,阅读还可以。

我:书写也是"良"。你以前书写还有些问题,现在有进步了……拼写是"优"!你还曾担心过……你的成绩单在我看来还挺好……英语得了"满意"。

保罗:但,英语我应该能考得更好。

我:还算"满意"。

保罗:嗯,我应该能更好。

我:好,现在看数学。我看到是"及格"

保罗:我就知道你会生气的。

我:嗯,数学是你觉得比较困难的一门课。

保罗:是啊,我现在正努力呢。

我:你怎么努力?

保罗:我用功学习啊。

我:怎么用功?

保罗:(停顿了很长一段时间)我努力学习,认真写作业……完成老师发的卷子。

我:听起来,你已经在给自己设立目标了。找张纸,我们把它写下来。

保罗拿来纸和笔,列了他下次考试要考的科目。在第二行上写下了每门功课的目标成绩。

最让我吃惊的是,我原以为他只想提高数学成绩,但他还把英语、政治、自然也都列上去了。说到数学的时候,他说他要从"及格"提高到"优"。

我:保罗,这个差距不小啊。你觉得能做到吗?

保罗:能。我真的要用功学数学了。

在成绩单后面的家长意见和签字的地方,我写到:"我已经和保罗讨论了他的成绩单。他已经决定为自己设立一个新目标。他计划更努力地学习,特别是数学。"然后我在上面签了字,也让保罗签了字。

目标就贴在他卧室的门上,可以随时督促他。三天以后,他拿回了三张得"优"的数学卷子!我都不敢相信。我说:"保罗,如果你真想做一件事情,没有什么能阻挡得了的。"

我成长在一个非常严格的家庭里。很小的时候,我就被告知什么可以做,什么不可以做。每次问"为什么"的时候,爸爸总是回答:"因为这是我说的。"于是,我很快学会了不去问问题。

当我有了自己的孩子以后,我决不想用这种方法教育他。但我不知道用什么办法代替。鼓励孩子自立的课程对我非常有帮助,最近发生的事情让我感触很深。

我成了单亲爸爸以后,开始留意以前从来不注意的事情。洛宾总是拿曲奇饼干当饭吃。我不得不把饼干盒藏起来,每次只给他一块。上次上课以后,我拿回家一盒饼干,放到他桌子上。我说:"洛宾,我不想再当'曲奇警察'了,这是这周的饼干。你可以一次把它吃完,也可以留着慢慢吃一周。你来决定吧。"就这些,我没再说别的。后来,他开始每天吃两块,周末吃三块。

还有,我每天都坐在边上,看着他写作业,常常引起争吵。一天晚上,我去客厅准备看报纸。洛宾问:"爸爸,你什么时候帮我写作业?"我说:"我相信如果给你时间,你会完成的。"后来,他回去睡觉的时候对我说:"我自己完成了作业。我爱你,爸爸。"

第二天晚上,他告诉我想和我聊些事情,我问:"什么事?"

他说:"爸爸,从现在起,我想当个自己管自己的男子汉,好吗?"

我说:"好啊,没问题。"

有一次,我又对他说:"洛宾,该上床了,穿睡衣,刷牙。"

"我知道了,爸爸。"他说,"记住,我现在是自己管自己的男子汉!"

—— 第 5 章 ——

## 学会赞赏孩子

*Praise*

# 第一部分

有两个 7 岁的男孩,一个叫布鲁斯,一个叫大卫。他们都有一个非常爱他们的妈妈。他们以完全不同的形式开始每天的生活。

布鲁斯每天早晨醒来第一件事,就是听到"起床,布鲁斯!你上学又要迟到了。"

布鲁斯起床后,自己穿好衣服(没穿鞋),进来吃早饭。妈妈说:"你的鞋呢?难道你要光着脚去上学吗?……看你穿的是什么!蓝毛衣配绿T恤太难看了……布鲁斯,亲爱的,你的短裤是怎么搞的?怎么撕开了?吃完早饭你去换了,我的孩子不能穿破裤子去上学……倒果汁要小心,别撒得到处都是!"

布鲁斯把果汁倒撒了。

妈妈很生气,边拿来抹布收拾,边说:"真拿你没办法。"

布鲁斯嘴里叨叨着什么。

"说什么呢?"妈妈问,"你还叨叨?"

布鲁斯安静地吃完早饭,换上裤子,穿上鞋,收拾好书包,准备去学校。妈妈把他叫住:"布鲁斯,又忘拿午饭了。我看脑袋要不是长在你脖子上,你也会忘的。"

布鲁斯拿上午饭,又准备出门,妈妈提醒他:"今天在学校表现好点。"

大卫住在马路对面。他每天早晨醒来听到的第一句话是"七点了,大卫。你想现在起床,还是五分钟以后?"大卫翻个身,打了个哈欠,"五分钟以后。"

接着,他穿好衣服准备过来吃早饭,但还没穿鞋。妈妈说:"嗨,你已经穿好了,就剩下鞋没穿了……哦,短裤接缝这里有个洞,快开边了,你是站着我来缝呢,还是脱下来?"大卫想了一下,说:"我吃完早饭再换。"然后坐下,开始喝果汁,撒了一些。

"擦桌子的布在水池边上。"妈妈边准备午饭边对大卫说。大卫拿来布擦掉果汁。他吃早饭的时候和妈妈聊了一会儿。吃完了,他换下短裤,穿上鞋,收拾好书包,准备去学校。没带午饭。

妈妈叫住他,"大卫,午饭!"

他跑回来拿午饭,谢过妈妈。妈妈把午饭递给他,说:"再见!"

布鲁斯和大卫在同一个班。老师在班上对同学说:"孩子们,你们已经知道了,我们下周有哥伦布发现美洲纪念日的演出。我们需要一个志愿者,画一个欢迎横幅挂在教室门口。还需要另外的志愿者在演出结束后,给客人倒柠檬水。最后,我们需要有人去三年级其他班,简单介绍我们的演出活动,邀请他们来观看,告诉他们时间、地点。"

有的孩子很快就举起手来,有的试探性地也举手,也有同学没举手。

故事就到这儿,我们就知道这些。后来发生什么了,大家只能猜。花点时间想想下面的问题,问问自己:

- ⊙1. 大卫会举手当志愿者吗?
- ⊙2. 布鲁斯会吗?
- ⊙3. 孩子对自己的看法以及他们愿不愿意接受挑战或冒险有什么关系?
- ⊙4. 孩子对自己的看法以及他们为自己设定什么样的目标又有什么关系?

现在你已经搞清楚自己的想法了。我愿意在这里分享我的看法。有的孩子想摆脱在家里受到的轻视,愿意在外面世界里接受挑战。也有的

## 第5章 学会赞赏孩子

孩子在家里受到关注,但仍然怀疑自己的能力,害怕挑战。不管怎么说,在家里得到赞赏的孩子,比起那些得不到赞赏的孩子,他们的自我感觉会更好,更乐于接受生活的挑战,也更愿意为自己设立较高的目标。

正如纳撒尼尔·布兰特(Nathaniel Branden)在他的《自尊心理学》(*The Psychology of Self Esteem*)一书里提到的:"一个人对自己的评价,将直接影响到他的核心价值观以及是否有积极的心态,自我评价还会影响他的思维方式、情绪、希望以及人生目标,同时也影响到他的行为。"

既然孩子的自尊这么重要,那么我们做家长的该如何做呢?当然我们到目前为止学到的所有理念和技巧都在帮助我们的孩子把自己看做是一个有价值的人。我们每次对他们的感受表示尊重,给他们机会自己做选择,或者让他们自己解决问题,都是在加强他的自信和自尊。

如何帮助孩子建立正面、真实的自我形象?答案可能会是"赞赏他们"。但是,赞赏是需要谨慎的。有时,善意的赞赏会招致意想不到的反应。

你自己来体验一下。在下面的练习里,可以看到在假定的情况下,你听到的四种赞赏。在每种情况后,写下你对赞赏的反应。

**情形Ⅰ.** 吃晚饭的时候,家里来一位不速之客。你热了一罐鸡汤和剩鸡肉,还做了些快餐米。

客人说:"你真会做饭!"

你内心的反应:_____

_____

**情形Ⅱ.** 你刚换下毛衣和仔裤,穿上套装去参加一个重要的会议。碰见一个熟人,他打量一下你,说:"哟,你总是穿得这么光彩照人。"

你内心的反应:_____

_____

**情形Ⅲ**.你正在参加成人教育课程。在一场激烈的讨论之后,有个同学走过来对你说:"你真是才华横溢!"

你内心的反应:_____

_____

_____

**情形Ⅳ**.你刚开始学打网球,还打得不太好。球总是不过网或出界。今天,你和新搭档打双打,发了一个还不错的球。

你的搭档说:"嗨,你打得不错啊!"

你内心的反应:_____

_____

_____

也许你已经感觉到了赞赏所隐藏的问题。除了感觉不错以外,可能还会有下面这些反应:

赞赏可能会让被赞赏的人产生怀疑。("他真觉得我很会做饭?他要么在撒谎,要么就是不懂美食。")

赞赏可能会导致否认。("总是光彩夺目?……你没看见我一小时以前的样子。)

赞赏可能会带来压力。("我下次开会该怎么穿呀?")

赞赏可能会让我们关注到自己的弱项。("才华横溢?开玩笑吧?我连把表上的数字加起来都还不会!")

赞赏可能会引起焦虑,干扰他们的行动。("我再打不出那么好的球了。现在我真的有点紧张。")

赞赏还可能会感觉被控制。("这个人想从我这儿得到什么好处吗?")

我记得在赞赏自己孩子时的遭遇。他们拿过来一幅画给我看,问我:"画得好吗?"

我说:"多好的一幅画啊!"

他们问:"怎么好了?"

我说:"怎么好?多美啊!……太漂亮了!"

他们说:"你根本不喜欢。"

我越大肆表达我的赞赏,他们越不领情。我真搞不懂他们的反应为什么会这样。

参加了吉诺特博士的前几次课程后,我开始明白为什么我越表扬孩子,孩子越拒绝。他告诉我,评价事物的词语比如:"挺好","真美","太妙了"会让孩子产生和我们刚才练习里一样的不舒服的感觉。最重要的是,我从他那里学到了有益的赞赏来自两方面:

**1. 成人用赞赏的语气描述他所看到的和他所感受到的。**

**2. 孩子听到这样的描述后,就能够赞赏自己。**

我回忆起自己第一次实践这个理论的经历。我四岁的孩子从幼儿园回到家,手里拿着一张纸,上面是些铅笔涂鸦,放到我眼前,问:"画得好吗?"

我的第一反应就是:"非常好!"但是又马上意识到:不行,我得描述。我开始纳闷:怎么去描述一张孩子的涂鸦呢?

我说:"你画的一个圈,一个圈,又一个圈……一个拐弯,一个拐弯,又一个拐弯……点,点,点……线、线、线!"

"咿"他狂点头。

我说:"你怎么会想到要这么画?"

他想了一会儿,"因为我是个艺术家!"

我心想:"这真是个历史性进步。成人描述之后,孩子真的就会赞赏他们自己。"

通过下面的漫画,你可以看到更多使用"描述"技巧的例子。

## 描述性的赞赏

以描述你看到的和你的感受来代替评论

我必须承认,开始的时候,我对这种赞赏方式表示怀疑。即使已经见过一次效,我还是对它有些想法,为什么不用"太好了!……你真棒!……太了不起了!"这种最自然的赞赏方式,而非要用另外的方法来描述我们内心的惊喜呢?

但是,不管怎么说,我还是努力去尝试。起先我很严格地去做,结果不久之后,我注意到孩子真的开始赞赏他们自己。

例如:

我:(没有说:"吉利,你真了不起!")你算出来打折的玉米罐头是一美元三个,比不打折的一捆玉米罐头实际上要贵很多。我真高兴。

吉利:(咧嘴一笑)我很聪明啊!

我:(没有说"安迪,你真棒!")你把韦克尼太太这么复杂的电话留言都记下来了,写得也很清楚。我明白为什么明天的会议顺延了,我需要找谁,该告诉他们什么。

安迪:是啊,我是个很靠得住的孩子。

毫无疑问,孩子们越来越了解和认可他们的能力了,这给了我继续努力的动力。而且这的确是需要努力。真正看到孩子好的行为,去体验并且详细描述出来,总是比只说一句"你真棒!"要困难得多。

在下面的练习中,你将有机会使用到"描述"的技巧。读到每种情形时,花些时间想一想,在脑子里准确描绘一下你的孩子做的事情。然后详细地描述出你所看到的和感觉到的。

**情形Ⅰ.** 孩子第一次自己穿好了衣服,站在你面前,希望引起你的注意。

无益的赞赏:_____

通过描述所看到的和感受到的来赞赏孩子：_____
_____
_____

孩子可能会怎么想：_____
_____

**情形Ⅱ**.你被学校邀请参加孩子的演出。她(或他)饰演国王、女王、或者巫婆(任选一个)。表演结束后，孩子跑过来问："我演得好吗？"

无益的赞赏：_____
_____

通过描述所看到的和感受到的来赞赏孩子：_____
_____
_____

孩子可能会怎么想：_____
_____

**情形Ⅲ**.你发现孩子的作业最近稍有进步。他的作文得到老师好评，自己背单词，还提前一天完成报告。

无益的赞赏：_____
_____
_____

通过描述所看到的和感受到的来赞赏孩子：_____
_____

孩子可能会怎么想：_____
_____

**情形Ⅳ**.你病倒在床上已经几天了。孩子给你画了一张康复卡片，上面装饰了一些气球和心。她递给你，等待你的反应。

无益的赞赏：_____
_____

## 第 5 章　学会赞赏孩子

通过描述所看到的和感受到的来赞赏孩子：_____
_____
_____

孩子可能会怎么想：_____
_____

做完这些练习后，你可能更明白孩子对"评价性"的赞赏有什么反应：

"你是个好孩子。"

"你是个很棒的演员。"

"你终于变成优秀学生了。"

"你真体贴人。"

你也同样清楚了孩子对"描述性"的赞赏有什么感受：

"我看见你自己穿上了 T 恤衫，标签朝后；你拉上了裤子的拉锁；两只袜子还是同一双的，穿好了鞋。你做了这么多事，多不容易啊！"

"你是个雍容华贵的女王！站在那，显得高大挺拔，你讲话的时候，声音响彻整个剧场。"

"看来你最近在功课上下了不少功夫。我还注意到你的作文有老师的评语，你的报告也提前交了，你还找到了自学单词的方法。"

"我喜欢这些黄气球和红心。让我很受安慰。看到这些，我觉得病好多了。"

描述性的赞赏还有别的方法，那就是我们在描述后面，把他们值得赞赏的行为总结成一个词。

## 把值得赞赏的行为总结为一个词

自己练习一下在漫画上填出所缺的词

参考答案:
1:"有决心","有毅力",或"有自制力"。
2:"灵活"或"有适应能力"。
3:"友谊"、"忠诚"或"有勇气"。

上面列的并不是标准答案。这里也没有正确或错误的答案。关键是告诉孩子一个他以前不知道的词,能让他们对自己有一个新的认识。

我个人之所以比较喜欢这种方法,是因为它切实可行。它是一个真正在看,在听,在注意,然后大声说出你所看到的和所感受到的过程。

为什么这么一个简单的过程,会产生这么意义深远的影响。从我们日复一日对孩子细微处的描述,孩子们也在不断地增加他们内心的力量。孩子发现他可以把杂乱的屋子整理干净,他能做个礼物为他人带来帮助和安慰,他能抓住观众的注意力,他能写出感人的诗篇,他能做到守时,他有控制自己的能力,他主动、灵活。所有这些都会存储在他的内心,没有人能夺去。今天有人对他的评价可能是个"好孩子",明天有人可能对他的评价是个"坏孩子",但是他用康复卡鼓励妈妈的那些时光以及他不知疲倦坚持学习的那些日子,在他心里是不会被抹去的。

所有这些经历,都可以在今后受到挫折和困惑的时候,给他安慰和鼓励,也都会成为他日后成功的基石。

---

### 赞赏孩子的三个技巧

1. 描述你所看见的。
2. 描述你的感受。
3. 把孩子值得赞赏的行为总结为一个词。

## 作业

1. 我喜欢孩子的哪一个特质:

   _____

   _____

   _____

2. 最近他/她做了什么让我赞赏的事,但我没有说出来:

   _____

   _____

   _____

3. 我想怎么对她/他表达我的赞赏,用"描述性"赞赏的技巧:

   _____

   _____

   _____

4. 阅读第二部分

## 赞赏孩子的方法
### 用描述代替评论

1. **描述你所看见的**

   "地板很干净,床很平整,书都整齐地码放在书架上。"

2. **描述你的感受**

   "走进这间屋子,感觉很舒服。"

3. **把孩子值得赞赏的行为总结为一个词**

   "你把笔都分类,彩笔、钢笔都放在不同的盒子里。这就叫做'有条理'。"

# 第二部分　建议、常见问题以及来自家长的故事

我们经常注意到在我们的小组里家长们热情洋溢地谈论他们孩子刚刚做的好事:

"已经有三天了,每天早晨丹尼自己设闹钟,自己起床。我真高兴不用再叫他起床了。"

"最近,丽萨如果晚回家的话,已经知道给家里提前打电话了。你不知道她的进步对我多重要!"

当我们问他们是否对孩子表达出你的赞赏时,他们的答案一片空白。

看起来赞赏好的行为并不容易马上说出口。我们大部分人都是批评很快,表扬很慢。做家长有责任把这个顺序颠倒过来。孩子的自尊非常宝贵,不要错过这个机会,也不要把它转交给陌生人。你也许已经注意到,从外部世界也并不容易得到赞赏。想一想,什么时候司机对你说"谢谢你只占了一个停车位,让我也可以停下"?我们努力体谅别人,却被视作应该的,但稍有不慎,就会受到谴责。

希望我们在家里能有所不同。除了衣食住行外,我们对孩子还有一项义务就是肯定他们"做对"的事情。外界会经常告诉孩子他们做错的地方。而我们的工作是让孩子知道什么是他们做对的地方。

## 关于赞赏的注意事项

**1. 确认你的赞赏适合孩子的年龄和能力。**

当表扬一个小孩子"我看到你每天都刷牙",他会很开心。但是同样的话,对一个十几岁的孩子说,他会觉得受羞辱。

**2. 避免触及他过去的弱点或失误:**

"你终于能按正确的方法演奏完这首曲子了。"

"你今天看起来真好,你对自己做什么了?"

"我从来没想到你考试能及格,你居然及格了!"

要尽可能表达关注孩子表现出的优点:

"你把这首曲子演奏得有力量、有节奏,我真的很喜欢。"

"你今天的样子看了很舒服。"

"我知道你在这门功课上下了很大功夫。"

**3. 过度的赞美可能会扰乱孩子自己完成事情的积极性。**

有的时候家长对孩子的行为表现得太过热情和满意,会给孩子带来压力。年轻人如果每天都听到:"你真是个天才钢琴家!你应该到卡耐基音乐厅去演奏。"他可能会想:"他们对我的期望超出了我对自己的期望。"

**4. 当用"描述"表达你对孩子的赞赏时,孩子可能会重复不停地去做这件事。**

如果你想让孩子停止吹口哨时,要避免说:"你已经知道怎么用口哨发出响声了。"如果你不想让他爬到单杠上面,就不要说:"你爬得真不错!"毫无疑问,赞赏会鼓励孩子再来一次,并且会更努力地去做。赞赏是把双刃剑,要有选择地用。

## 常见问题

**1. 我现在正学习与以往不同的赞赏方式,但有时候还是会忘记,脱口而出:"太棒了!"或者"真好!"怎么办?**

不必压抑自己的第一反应。如果你是真诚地在说"太棒了!",那么孩子能从你的声音听出你的热情,也会接受到你所表达出的感受。你可以在你的第一反应后面,用"描述"来补充对孩子的赞赏:"在外

第 5 章　学会赞赏孩子

面上了一整天的班,回到家里,看见院子里整理得这么干净,落叶都装进箱子里捆好,堆在前面。我觉得像是收到一份礼物!"

**2. 怎么赞赏一个孩子做了他本来就应该做到的事情?**

我的大儿子在全家出行的时候总是很讨厌,闹得大家都不开心。上周,他表现得很好。我不想告诉他说:"你表现得好。"或者说:"终于能像样了。"但我确实想肯定他的行为。怎么做才能不打击他?

描述你对他行为的感受总不会出错的。你可以告诉他:"我今天玩得好高兴啊。"

他会知道为什么的。

**3. 可以用"我真为你感到自豪"来表达赞赏吗?**

假设你为了一次又难又重要的考试用功学了一周。成绩拿回来后,你发现不仅及格了,而且还考得不错。当你把这个消息告诉你的一位朋友时,她说:"我真为你骄傲!"

你会是什么反应?我想你会感觉到,问题的焦点从你的成就感转移到她的骄傲上了。你或许更愿意听到:"这真了不起!你一定为你自己感到骄傲!"

**4. 上周我儿子在游泳比赛中获了奖,我告诉他:"我并不吃惊。我早就知道你肯定能行。"他奇怪地看着我。我觉得自己在增强他的信心,有什么错吗?**

当一个家长说"我早就认为你能做到"时,他赞赏的是自己的全知全能,而不是孩子取得的成绩。孩子甚至会想:"连我自己都不知道我一定会赢,我爸爸怎么知道?"

对孩子取得的成绩,这样的表达会更好:"这个成绩是你前几个月努力的结果!"

### 5. 我儿子得到我许多的赞赏,但他仍然害怕冒险去尝试。他尝试几次失败后,就很受打击。我能怎么帮助他?

可以用下面这些办法帮助他:

1) 他气馁的时候,不要忽略他的难过心情。("这没有什么好难过的。")而是说出他可能会有什么感受。

"这个问题花了这么长时间,没有想出解决办法,是会让人气馁。"

当沮丧心情得到理解,孩子内心才能释放。

2) 父母需要接纳孩子的失误,并且认识到失误是每个人学习新东西时必须经历的重要过程。

可以告诉孩子错误也是一种发现,让我们发现以前不知道的一些情况:

"这样你就知道了半熟的鸡蛋放到热水里会变熟。"

3) 父母要接受自己的失误。

如果父母经常自责("我又忘带钥匙了。怎么搞的?真愚蠢!我怎么这么傻?不长记性。"),当孩子犯错时,也用同样的方式对待自己。

我们处理问题应该更人性化,要以"解决问题为重点"。当我们做错事的时候,借机对自己大声说:

"哦,真是的,我真希望我没忘记带钥匙……这已经是第二次了……我怎么做才能保证下次不会再忘?……我知道了,我准备一把备用钥匙放在一个隐蔽的地方。"

我们善待自己,孩子也能善待他们自己。

## 家长赞赏孩子的效果

一天晚上,几个家长在谈论他们常把孩子的好行为视作理所当

## 第 5 章 学会赞赏孩子

然,而经常赞赏孩子是需要付出努力的。他们希望能积极地寻找孩子做对的事情,不让孩子们感到被忽略。一位妈妈列出了她通常情况下对她五岁的孩子会忽略的地方:

> 这周保罗学会了"蒸发"这个词,并且知道了它的意思。
> 他能耐心地和 7 个月大的婴儿一起玩了。
> 我告诉他我很想自己安静地呆一会儿时,他很配合。
> 他会用语言表达愤怒。

另一位妈妈告诉我们:

> 昨天,乔舒亚(3 岁 9 个月)在我们外出的时候,想让我给他讲故事。我告诉他,我没有时间,因为我们要出门,他对我说:"我的意思不是要出门'之前'讲,是回家'以后'。"
> 
> 我对他说:"乔舒亚!,你现在已经分清楚'之前'和'之后'了。"
> 
> 乔舒亚自豪地回答:"是啊!"接着他想了一会儿,说:"我还知道我想晚饭'前'吃曲奇!"

下面是一个父亲的例子。他决定开始肯定 7 岁女儿的优点。一天早上,他告诉她:

> "我看见有一个小女孩早上自己起床,洗梳完,穿好衣服,准备按时去学校。我把这种行为叫做'自立'。"
> 
> 几天后,她正刷牙的时候,她叫爸爸过来,指着自己的嘴巴对爸爸说:"现在,我把这种行为叫做'清洁牙齿'!"

还有几个家长也注意到赞赏孩子可以让他们更愿意努力与我们合作。下面是他们的经历：

周末早上，我和丈夫多睡了一会儿，孩子们并没有像往常来吵醒我们。我起床后，走到他们跟前说："布莱恩（6岁），不进爸爸妈妈房间来，一定挺难的，需要很强的控制力！"

布莱恩说："我知道什么是控制力！意思是你想叫醒爸爸妈妈时，你知道不应该，所以不去吵醒他们。"

"我现在要去准备早饭去了。"

然后，她就跑进厨房准备早饭去了。

麦克第一次把床收拾好，叫我进他房间。他激动得上窜下跳。我没有告诉他枕头露在了床单外面，也没说床单两边不一样齐。我只是说："哇，床单差不多都把床盖上了！"

第二天早上，他又叫我进去看："看，我把枕头盖上了，床单两边一样齐。"

我也非常吃惊。以前认为，让孩子进步，就需要指出他的错误。但是现在我觉得告诉孩子他做对的地方。他就会想办法提高自己。

汉斯从不主动做家务，让我很苦恼。他已经9岁了，我觉得他应该承担些责任。

星期二晚上，我让他收拾桌子。通常，他总是需要催好几次才行，可这次我没有提醒他就去做了。我对丈夫说（也故意让汉斯听见）："富兰克，看见汉斯干什么了吗？他收拾了桌子、盘子、盛沙拉的碗、餐巾纸、银器，还提醒你的啤酒！很尽职尽责。"当时没有看出汉斯有什么明显的反应。

后来,我上楼去哄小孩子睡觉的时候,我让汉斯15分钟后过来。他说:"好的。"

15分钟后,他上楼来,躺在床上,我说:"我让你15分钟后过来,你正好15分钟后就过来了。这就叫做说话算数。"汉斯笑了。

第二天,汉斯晚饭前,进厨房来说:"妈妈,我来收拾桌子。"

我简直吃惊极了,对他说:"我没叫你,就过来了。我真的很感激!"

从那以后,我注意到他的很多变化。一天早上,他主动收拾床,又有一天早上,他早饭前就穿好了衣服。似乎我们越是看到孩子做的好的方面,孩子就在这方面做得更越好。

我一直都善于使用奖励机制。每次当我担心梅里沙的表现时,都会对她说:"如果你表现好,我就给你买冰淇淋、新玩具,或者别的什么东西。"梅里沙就会表现好一些,但是下一次,我还得承诺她另外的东西。

最近,我不说:"如果你表现好,我就……"改成说:"梅里沙,如果……我会很高兴"当她真的那么去做了以后,我就用"描述"的方式赞赏她。

例如,上周末我告诉她如果她热情招待爷爷奶奶,我会很高兴。他们周日来的时候,她对他们非常好。爷爷奶奶离开后,我对她说:"梅里沙,你让爷爷奶奶在这里很开心,你给他们讲笑话、请他们吃糖,你还给他们看你收集的口香糖包装纸。这就是我说的好客!"梅里沙听了以后很兴奋。

用以前的方式,孩子只会在得到奖赏的瞬间觉得高兴,而用新的方法后,她会因为自己的表现而感到高兴。

当孩子们做的不尽如人意的的时候,我们往往就不太愿意赞赏孩子。下面的两个例子,可以看到父母是如何在这个时候赞赏孩子的。

去年(三年级的时候)莉萨的书法课很糟糕。老师和我提起过,我觉得像是自己很丢面子。开始每天晚上指责莉萨作业马虎,字母写得不工整。

几个月以后,莉萨写了一张便条给老师,说她非常喜欢老师。便条上没有签名。当我提醒莉萨还没签名时,她说:"老师一看这么差的字,就会知道是我写的。"

我被她的话震惊了!孩子竟然觉得这已经既成事实,因为她已经接受了一个现实:她写字很差,已经没有办法改变了。

读了《释放家长 释放孩子》这本书后,我想重新开始。每天晚上,莉萨给我看她的作业,我不再责备,而是去发现写得工整的一句话、一个字,甚至一个字母,然后评论一下。几个月下来,我都没有批评她,结果一点小小的鼓励和赞赏,她的书写就有了十足的进步。

那天在讲座上我学到了新的技巧,非常兴奋。我开车带着孩子(一个6岁,一个9岁)回家。6岁的詹妮弗想打开一袋爆米花,结果撒了一车。当时我脑子里面的反应是:"贪吃的孩子……难道你就不能等我们回家再吃吗?……看看你干的好事!"

但是,我还是用就事论事的语气描述:"爆米花到处都是,我们需要吸尘器吸一下。"

## 第5章 学会赞赏孩子

等我们回到家,詹妮弗立刻回屋里从我房间里拿来了吸尘器。但是,又不小心碰倒了一盆花,土撒了我一床。对一个6岁的孩子来说,这确实不好处理。她开始噼里啪啦地掉眼泪。

一开始,我不知道该怎么办。试着安抚她的心情:"真是太麻烦了!……多让人丧气啊!"等等。她最后平静下来,开始处理车里的东西,但一想到还有床上的土要收拾,还是觉得很麻烦。

她清理完车子以后,让我出来看。我没有评价她,只是说:"刚才还到处是爆米花,现在一个也没有了。"

她对自己很满意,说:"现在我去清理你的床。"

"哦,我知道了。"我心里充满了欣喜。

有些家长发现,可以在最不可能赞赏的时候赞赏孩子。比如当孩子们做错事的时候。不去责骂孩子,而是提醒他们以前值得赞赏的行为。

凯瑞告诉我她丢了地铁证,可能是从口袋里掉出去了。我的第一冲动就是斥责她的粗心。但是,看她那么可怜,我说:"凯瑞,好好想想,这个地铁证从上中学起,你已经保管了三年半了。这么长的时间里,你都是很小心的。"

凯瑞说:"我也这么想,但已经没机会了。等我有了新的以后,放到钱包里。"

描述性赞赏的另外一个好处是,能激励孩子。下面的例子便是如此。

克里斯蒂8岁,她很怕黑。我们哄她睡觉后,她要起来好几次。一会儿要去厕所,一会儿要喝水,一会儿又出来,看我们在不在。

上周,她的成绩单发下来,上面都是表扬的话。她一整天的时间都在欣赏它,一遍又一遍地读给自己听。就在睡觉前,她对我说(引用成绩单上的话):"一个有责任的孩子,和别人友好相处,遵守纪律,尊敬他人,上三年级就开始读四年级的书,她不害怕不存在的东西!我去睡觉了。"

她去睡觉去了,直到第二天早上,我没再见她出来进去的。

我迫不及待地想在学校公开课上告诉老师,他的话对一个小女孩有多重要。

布莱恩9岁了,他一向很害羞,也缺少自信。最近,我常常倾听他的感受,试着不给他提建议(我以前一直爱这么做),而是给他很多赞赏。这是两天前我们的对话:

布莱恩:妈妈,艾老师对我不好,她老是挑剔我,在班里批评我。

妈妈:哦?

布莱恩:是啊,你知道吗,我理了发,他就会说:"同学们看,我们学校来了位新同学。"

妈妈:嗯。

布莱恩:我穿上新格子裤,她又会说:"哦,快看这位穿漂亮裤子的先生。"

妈妈:(忍不住了)你觉得是不是应该找老师谈谈?

布莱恩:我已经谈过了。我问她:"你为什么总爱挑我毛病?"她说:"你再这样问我,我就把你送到校长办公室。"妈妈,我觉得真难过,该怎么办呢?如果我去告诉校长,她肯定会在我后面使坏。

妈妈:是啊。

布莱恩:不过,我也不用管它,这学期就剩30多天了。

## 第 5 章 学会赞赏孩子

妈妈：对。

布莱恩：不，我不能就这样了。我觉得你应该明天和我一起去学校。

妈妈：布莱恩，我觉得你已经成熟了，可以应对这样的事了。我相信你，你会想出办法的。(我搂了搂他)

第二天。

布莱恩：妈妈，我现在感觉好多了。我去了校长办公室，他说，我有勇气找他，他很高兴，说我很勇敢，知道有问题找他。那就是他当校长的作用。

妈妈：你完全是自己处理了这个难题！

布莱恩：(高兴地跳起来)耶！

最后一个例子来自一个足球教练，他用"描述性"赞赏激励年轻的队员。每次比赛结束，九个十几岁大的队员都会收到教练写给他们的信。下面是其中三封：

9月16日

亲爱的托马胡科斯队员：

你们星期天的表现，简直像发电机。我们勇猛地攻进了六个球，创下今年进球最多的记录。防守上，整场比赛我们没让他们越过中线。在我们稳操胜券的时候，他们才攻入一球。星期六继续训练，10:00—11:15 A.M·韦尔茨操场见。

鲍勃·高登教练

10月23日

亲爱的托马胡科斯队员：

多棒的比赛！多棒的团队！

我们的"橙色旋风"不仅防守住了联盟的最强球队，而且你们抓住了仅有的进攻机会把球攻进。五个队员的攻防很平衡,更重要的是这个进球有漂亮的过人和站位。这个胜利是每个队员努力的结果。

我们现在还排在第二,落后庞卡斯一分,和他们还有两场比赛。无论我们怎样结束比赛,你们都会为这一季的比赛而骄傲。

我们的常规训练在星期六,10:00—11:15 A.M·韦尔茨操场见!

鲍勃·高登教练

10月18日

亲爱的冠军队员们:

这个周末的比赛是让我最激动的一场比赛。在这一年当中,托马胡科斯球队显示出了他们强大的进攻和防守能力。这个周末,他们体现出了顽强的毅力和战斗精神。尽管比赛快结束了,你们也决不放弃,给大家留下了深刻的印象,胜利非你们莫属。

祝贺每一位队员:你们是独一无二的冠军!

鲍勃·高登教练

## 第 6 章

# 让孩子从角色中释放

*Freeomg Children*

*from*

*Playing roles*

# 第一部分

我清晰地记得儿子大卫出生的那一刻。五秒钟过去了,他仍然没有呼吸,我吓坏了。护士拍打他的后背,也没有反应。当时每个人都很紧张。护士说:"这孩子是个倔脾气。"他仍然没反应。过了一会儿,他终于发出新生儿的那种很尖的哭声。我当时的心情难以用语言描述。但是,从那天以后,我发现自己常常疑惑:"他是不是真的很倔?"从医院回到家里,我就想,怎么能把护士说的话当真呢?不过是一个愚蠢的女人说的愚蠢的话。想象一下,我们怎么可以给一个出生不到半分钟的婴儿随意贴标签呢?

在随后的几年中,每当我怎么哄他,他都一直哭的时候,每次他不愿尝试一种新食物的时候,每次拒绝睡午觉的时候,每次不肯坐上去幼儿园班车的时候,每次不肯在冷天穿毛衣的时候,一个念头就会在我大脑里闪过:"她说得对,他就是倔。"

我实在不应该这么想。我上过的所有心理学课程都提到"自我实现预言"的危害。如果你给一个孩子贴上反应慢的标签,他便开始认为自己就是反应慢。如果你觉得一个孩子淘气,他总会有机会向你显示出他有多淘气。无论如何我们都应该避免给孩子贴标签。我完全同意这个理论,但我还是不能不把大卫想成一个倔强的孩子。

唯一能给我安慰的是,这样想的人不只我一个。至少在家长小组里,我会常听到家长这么说:

"我家的老大让我最头疼,最小的让我最放心。"

"鲍勃天生爱欺负人。"

"比利是个受气包,每个人都想从他身上得到好处。"

"麦克在家里就是个律师,他对所有的事情都有独到看法。"

"我真不知道该怎么喂朱莉叶,她那么爱挑食。"

"给瑞奇买什么玩具都是浪费钱,他玩什么玩具都要弄坏。这孩子简直就是破坏狂。"

我常想,这些孩子究竟是怎么被贴上标签的呢?几年来,从各种各样的家庭问题中,我意识到,孩子原本是清白的,在不知不觉当中被安排扮演某种角色。例如,一天早上,玛丽对哥哥说:"把眼镜递给我。"

哥哥说:"自己去拿,不要总想指挥人。"

接着,她找妈妈:"帮我梳头,别让头发打结。"妈妈说:"玛丽,你又指挥人。"

再接下来,她对爸爸说:"别说话了,我正看节目呢。"爸爸说:"听,又在发号施令。"

渐渐地,孩子被分配到"爱发号施令"的角色后,就开始认可这个角色,并且进入角色当中去。如果每个人都说玛丽是个"爱发号施令"的人,她就不得不这样去做了。

你也许困惑:"你不说出来她是个爱指挥别人的人,但你心里这么想,可以吗?"这是个重要的问题,家长怎么想孩子会影响到孩子怎么看待自己吗?为了能更清楚地理解家长如何看孩子与孩子如何看待自己之间的关系,让我们一起来经历一下。看下面的三个场景,想象一下,你就是那个孩子。

**场景Ⅰ:你8岁左右。一天晚上,走进客厅,看见父母在玩大拼图。你问是不是可以和他们一起玩。**

妈妈说:"完成作业了吗?你都会了没有?"

你说:"写完了。"然后又问一遍是不是可以一起玩。

妈妈说:"你确认都理解了老师讲的功课了吗?"

第 6 章　让孩子从角色中释放

爸爸说:"我一会儿检查你的数学。"

你又问一遍可不可以玩。

爸爸说:"好好看看我和妈妈怎么做,然后我们看你是不是能找对。"

你拿起一块拼块准备放在下面,妈妈说:"不,不是这儿,你没看见拼图最下面的边是齐的吗?你怎么能把一个齐边的拼块放在中间呢!"她不满地看你一眼。

父母怎么看待你:＿＿＿＿＿＿＿＿＿＿＿＿＿＿＿＿＿＿＿＿＿＿＿＿＿

＿＿＿＿＿＿＿＿＿＿＿＿＿＿＿＿＿＿＿＿＿＿＿＿＿＿＿＿＿＿＿＿＿＿

＿＿＿＿＿＿＿＿＿＿＿＿＿＿＿＿＿＿＿＿＿＿＿＿＿＿＿＿＿＿＿＿＿＿

他们的观点让你有什么感受:＿＿＿＿＿＿＿＿＿＿＿＿＿＿＿＿＿＿＿

＿＿＿＿＿＿＿＿＿＿＿＿＿＿＿＿＿＿＿＿＿＿＿＿＿＿＿＿＿＿＿＿＿＿

＿＿＿＿＿＿＿＿＿＿＿＿＿＿＿＿＿＿＿＿＿＿＿＿＿＿＿＿＿＿＿＿＿＿

**场景Ⅱ**:情况一样。你走进客厅,看见父母在玩大的拼图。你问是不是可以和他们一起玩。

妈妈说:"你还有别的事情可做吗?干吗不去看电视?"

你突然看见一块拼块,正要去拿。

妈妈说:"小心!别把我们拼好的弄乱了。"

爸爸说:"能不能让我们安静一会儿。"

妈妈说:"别动了,只能拼这一块儿。"

爸爸说:"你还不死心吗?"

妈妈说:"好,只能这一块儿,够了!"她看了爸爸一眼,摇摇头,翻了一下白眼。

父母怎么看待你:＿＿＿＿＿＿＿＿＿＿＿＿＿＿＿＿＿＿＿＿＿＿＿＿＿

＿＿＿＿＿＿＿＿＿＿＿＿＿＿＿＿＿＿＿＿＿＿＿＿＿＿＿＿＿＿＿＿＿＿

＿＿＿＿＿＿＿＿＿＿＿＿＿＿＿＿＿＿＿＿＿＿＿＿＿＿＿＿＿＿＿＿＿＿

他们的观点让你有什么感受:＿＿＿＿＿＿＿＿＿＿＿＿＿＿＿＿＿＿＿

_____

_____

**场景Ⅲ**:情况一样。看见父母在玩拼图,你也走近看他们玩。

你说:"我能一起玩吗?"

妈妈点点头:"当然可以!"

爸爸说:"拉把椅子过来。"

你拿来一块儿拼图,想拼在云彩下面,结果拼错了。

妈妈说:"差一点!"

爸爸说:"通常有一个边是齐的话,是放在边上的。"

父母继续玩拼图,你在边上玩了一会儿。最后你发现了一块儿正合适的。

你说:"看,拼上了!"

妈妈笑了。

爸爸说:"你坚持拼,就会拼好。"

父母怎么看待你:_____

_____

他们的观点让你有什么感受:_____

_____

你对父母对你的评价感到吃惊吗?有时候,一个字、一个眼神、一个语调就足以告诉你,你是个又迟钝又讨厌的人,还是一个有能力又受欢迎的人。父母怎么看待你经常只需要通过短短的交流就知道了。当把日常生活中家长和孩子间这些点点滴滴的交流汇总起来,就可以知道父母看待孩子的方式对孩子的影响有多强烈。不仅影响他们对自

## 第6章 让孩子从角色中释放

己的感受,而且影响到他们的行为。

在这个练习里,家长认为你"反应慢"时,你是不是觉得你的自信心被摧毁?你还想自己再玩拼图吗?你有没有觉得因为比周围人都慢,所以很沮丧?你会不会对自己说:"还有什么可试的?"

当你被看做一个"讨厌的人",你会不会感觉为避免被排斥,必须坚持自己。你有没有觉得被拒绝和冷落?你会不会生气,想弄坏他们的拼图,以示报复?

如果你被认为是受欢迎和有能力的人,你会觉得自己就会用受欢迎和有能力的方式去做事情吗?如果你犯了点小错,你会选择放弃还是告诉自己再试一次?

不管你的反应是什么样的,可以得出这样的结论:父母如何看待孩子,不仅影响到孩子如何看待自己,也会影响到他们的行为。

但是,如果一个孩子不管是什么原因已经陷入到了一个角色中,是不是就意味着他一辈子都要饰演这个角色?他会被永远禁锢在角色当中,还是能够从角色中释放出来?

在后面,你会看到任何家长都可以运用这六个技巧把孩子从角色中释放出来。

---

### 让孩子从角色中释放的六个技巧

1. 寻找机会让孩子看到一个全新的自己。
2. 创造机会,让孩子另眼看待自己。
3. 让孩子无意中听到你对他们的正面评价。
4. 以身作则。
5. 记住孩子那些特别的时刻。
6. 当孩子又按照原来的方式行事时,表达你的感觉和期望。

## I 寻找机会让孩子看到一个全新的自己

## II 创造机会，让孩子另眼看待自己

### III 让孩子无意中听到你对他们的正面评价

## Ⅳ 以身作则

## Ⅴ 记住孩子那些特别的时刻

## VI 当孩子又按照原来的方式行事时，表达你的感觉和期望

帮助孩子从不同的角度认识自己,不只局限在这一章。所有这本书上学到的技巧都是在创造这样的机会。例如:一位母亲常常称呼她的儿子是"健忘者",写了下面的便条给她的儿子,帮助他重新认识到自己只要用心就能记得。

亲爱的乔治:

你的音乐老师打电话给我,说你参加最后两次管乐队彩排的时候忘记带你的长笛了。我相信你能找到办法,从现在起提醒自己带上它。

妈妈

一位父亲用"解决问题"的方法,而不是称呼儿子"暴徒"。他说:"杰森,我知道你在写作业的时候,弟弟吹口哨打扰你,让你很生气。但是打人还是太过分了。你有什么办法能在学习的时候保持安静呢?"

帮助孩子从不同的角度认识自己的确不易,这也是身为父母最艰巨任务之一。当孩子一再不改他们的恶习时,不仅需要我们克制自己不去强化他们的负面行为,不对他们大喊"你怎么又这样!",而且需要我们花时间制定计划去帮助孩子从角色中释放出来。

花时间问一下自己:

1. 当孩子在家里、学校、朋友或亲戚家,他通常会是什么样的角色?

___

2. 这些角色有没有正面的东西在里面?(例如:调皮里有幽默的一面;爱做白日梦意味着有想像力。)

___

___

3. 你希望孩子如何看待自己?(有责任感、不放弃希望,等等。)

___

第 6 章 让孩子从角色中释放

回答这些难题,你就已经迈出了第一步。更艰巨的任务还在后面。看一下下面所列的技巧,然后记下你在实际中真正使用技巧时,想说的话。

A. 寻找机会让孩子看到一个全新的自己。
_____
_____

B. 创造机会让孩子另眼看待自己。
_____
_____

C. 让孩子无意中听到你对他们的正面评价。
_____
_____

D. 以身作则。
_____
_____

E. 记住孩子那些特别的时刻。
_____
_____

F. 当孩子又按照原来的方式行事时,表达你的感觉和期望。
_____
_____

G. 你还想出了什么别的有效技巧?
_____
_____

刚才完成的这个练习是我多年以前自己做过的。我为什么要做呢？

一天晚上，大卫参加童子军聚会，我去接他回家。童子军团长示意我留下，和他去隔壁的屋子。他表情很严肃。

"怎么了？"我不安地问。

"我想和你谈谈大卫的事情，我们之间有些小问题。"

"问题？"

"大卫不听指挥。"

"我不明白。为什么？你是说他现在正在做的项目吗？"

他试图耐心地笑一笑。"我是说我们今年开始的所有项目。大卫脑子里一旦有什么想法，就会坚持到底。他有自己的做事方法，他也不想听别人的。坦白地说，别的孩子都挺讨厌他的，他占用了很多集体时间……他在家里也很固执吗？"

我不记得怎么回答他的。胡乱说了些什么，把大卫赶进车里，迅速离开那里。大卫在回家的路上很安静，我打开收音机，这样可以不必说话。我的胃疼得很。

大卫的固执被最终验证了。几年来，我说服自己，认为他只是在家里有些固执，但是，现在逃避不了现实了。外部世界也确认了我所不愿面对的事实。大卫是个固执己见，不会灵活处世的孩子。

我一直睡不着觉，躺在床上责备大卫不能像其他孩子那样，也责备自己一直叫他"顽固的人"、"倔牛"。直到第二天早晨，我才从团长对大卫的观点中走出来，开始想办法帮助大卫。

有一件事我是非常确信的，那就是对我来说，最重要的一点是不能随波逐流，让大卫在自己的角色中陷得更深。我的任务就是寻找和肯定他的优点。（如果连我都做不到，还能指望谁呢？）他的确很有意志，又有韧劲，但是，他也一样有能力开放思路，灵活办事。这就是需要我肯定他的地方。

我列出了各种方法，来帮助他看到一个不同的自己。然后我试着

想想过去是什么原因让大卫这么顽固。如果再发生这样的情况,我该对他怎么说?下面是我想出来的办法:

A) 寻找机会让孩子看到全新的自己。

"大卫,你虽然想留在家里和朋友玩,但还是同意和我们一起去奶奶家。你很体贴别人。"

B) 创造机会,让孩子另眼看待自己。

"家里每个人都想去不同的餐馆。大卫,你来想个办法,打破这个僵局。"

C) 让孩子无意中听到你对他们的正面评价。

"爸爸,今天早晨大卫和我想出了一个折中的办法。他不想穿靴子,我不想让他在学校湿着脚。最后,他想出了一个办法,穿上他的旧运动鞋去学校,带上干袜子和他的新运动鞋。"

D) 以身作则。

"我好失望!我今晚特别想去看电影。可是,爸爸提醒我,我们已经同意一起去打篮球……哦,我想还是把电影推后一周吧。"

E) 记住孩子那些特别的时刻。

"我记得你开始时对童子军训练营反应特别强烈。但后来你慢慢了解,并和别的孩子讨论了以后,还是决定试一试。"

F) 当孩子又按照原来的方式行事时,表达你的感觉和期望。

"大卫,参加婚礼穿旧牛仔裤不礼貌。就好像是在说:'这个婚礼不重要!'尽管你不喜欢穿正装打领带,我还是希望你能穿着得体。"

G) 还有什么别的技巧吗?尽量接纳大卫的负面情绪,给他更多的选择,更多地尝试"解决问题"。

这是我改变对大卫看法的一个练习。我用新的眼光看待他,用新的方式对待他。这个过程不会是一夜之间就能完成的。有的时候,进展顺利,他能做到灵活变通;有的时候,很不顺利,怒气让我又回到从前,开始对他大吼大叫。

经过了很长一段时间的努力,我坚持不放弃。这个倔强的孩子有一个同样倔强的妈妈。

现在他已经慢慢长大了。最近他又开始不讲理(就是不听我的话),我很生气,不加思索地责骂他是"倔头"。

他有些震惊,安静了一会儿。

"你就是这样看待我的吗?"他问。

"啊,我……我……"我很尴尬地不知道该怎么说。

"没关系,妈妈。"他很礼貌地说:"我现在对自己已经有了新的认识。"

## 让孩子从角色中释放

1. 寻找机会让孩子看到一个全新的自己

   "你从 3 岁就开始玩这个玩具,现在看起来还和新的一样。"

2. 创造机会让孩子另眼看自己

   "莎瑞,你能用改锥把抽屉的把手弄紧吗?"

3. 让孩子无意中听到你对他们的正面评价

   "虽然打针的时候很疼,但他还是一直举着胳膊。"

4. 以身作则

   "输了是不好受,但我还是要输得起。祝贺你。"

5. 记住孩子那些特别的时刻

   "我记得你……"

6. 当孩子又按原来的方式行事时,表达你的感觉和期望。

   "我不喜欢你这样。输了虽然很难过,我还是希望你能大度些。"

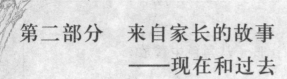

# 第二部分　来自家长的故事
## ——现在和过去

下面的经历是来自几个家长,可以看到他们为了让孩子从角色中释放而付出的努力。

在讨论到给孩子"定义角色"这个章节时,我很担心。我想自己过去对待乔治的态度那么差,对他说了那么多愚蠢的话:

"我希望你能看清自己。你简直就是一个笨蛋。"

"你怎么总是让大家等你!"

"我不再对你有什么指望了。我现在知道你是多讨厌了。"

"你将来不会有朋友的。"

"做些你该做的事情,别像个两岁的孩子。"

"你吃饭这么邋遢,永远都不会好好吃饭。"

我从来没有宽容地对待过他。为了结束这种情况,这周我和他的老师碰了个头,老师说他很不成熟。如果是以前,我会同意她的说法,但是,现在她的话句句都击中我。我认为不能再让这种情况继续恶化了,所以决定用学到的方法试一试。

刚开始我太生气了,没办法对他温和。我知道乔治需要一些对他的正面反馈,但是我很难和他开口说话。所以在他第一次把事情做好的时候,我给他写了一张便笺:

亲爱的乔治:

我昨天很开心。你自己起床、穿好衣服,然后等着我

## 第6章 让孩子从角色中释放

送你赶校车,这让我觉得轻松了许多。

谢谢!

妈妈

过了几天,我带他去看牙医。像往常一样,他又在医院到处乱跑。我摘下手表,递给他,说:"我知道你可以安静地在这儿坐5分钟。"他吃惊地看着我,然后真的坐下,安静地等医生叫他。

看完牙医,我做了一些以前从来没有做过的事情。我带他出去吃热巧克力。我们还一起聊天,那天晚上,我哄他上床睡觉的时候,告诉他我们在一起很开心。

我很难相信,我做的这些小事会给乔治带来这么大的改变。他真的在努力让我开心,这也给我很大的鼓励。比如,他把书和夹克落在了厨房的地板上,我以前会对他大吼,但现在我告诉他:如果总是在他后面给他拣东西,会让我很烦,相信从现在开始他能把东西恢复原样。

吃饭的时候,我没有再每时每刻都指责他吃饭没有规矩。只有当他太不象话的时候,才说他一次。

我还试着让他为家里承担一些家务,希望他的行为能成熟些。我要求他从甩干机里把衣服拿出来,把买回来的东西放好,诸如此类的事情。我甚至有一天早上让他自己炒鸡蛋。(鸡蛋撒在地板上的时候,我克制住自己不说他。)

也许正因为我对他的态度改善了许多,他的行为也随之改善了许多。

❈ ❈ ❈

希瑟是我的养女。从她第一天来到家里,就非常乖。而且她从小到大都一直是个让人喜欢的孩子。我不仅觉得她是我的骄傲，而且我每天都会无数遍地告诉她，她带给我很多的快乐。当我学习到"扮演角色"这一章时，才意识到我把"乖孩子"、"我的快乐"这样一个个沉重的负担压在了她身上。我想知道，是不是在她的内心有什么其他的感受，她因为害怕而不表现出来。

这种担心驱使我做了几次尝试。我觉得我所做的最重要的事情是让希瑟知道她所有的感受都是被接纳的。生气、沮丧、郁闷都是正常的。有一次，我从学校接她回家，晚了半个小时，我说："等我这么长时间，一定很生气吧。"（我没像往常那样说："谢谢你耐心等我这么长时间，宝贝。"）又有一次，我告诉她："朋友失约，你一定想臭骂他们！"（以前会说："好，宝贝，别的孩子没像你那样为别人考虑。"）

我还试着以身作则，允许自己更多地说出自己的负面情绪。有一天我告诉他："我觉得很烦躁，我想自己呆一会儿。"当她想借我的丝巾的时候，我告诉她我不想借给她。

我还试着用不同方式赞赏她。我不去说她在学校的成绩如何让我欣慰，而是描述她取得的成绩（"这个报告写得很清楚，结构也很有条理。"）。

就在前几天，我们终于有了新的突破。希瑟在洗澡，我在刷碗。她使劲地敲着墙，我就把热水开小点。后来，她冲到厨房，对我大叫："我告诉过你别用热水，我冻死了！"

如果一个月前，她这样做，我一定会感到震惊，可能会对她说："希瑟，这不是你应该做的！"

这次，我说："我能听出来你有多生气！我记住下次你洗澡时候，我不开热水！"

我已经感觉到希瑟以后会更加"释放自己"。她对我说的

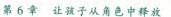
## 第6章 让孩子从角色中释放

话也许不太顺耳,但是从长远来说,我仍然认为做一个真实的自己比做一个"妈妈的乖女儿"更重要。

注:现在,不管什么时候听到有人告诉我他们的孩子有多好的时候,我心里会有一点点怀疑。

昨天我和两个女儿在操场上玩,我对着8岁的肯特喊了四次:"看好温迪。""玩滑梯的时候拉住她的手。"

我开始疑惑,是不是我在给肯特安排了"负责任的姐姐"的角色。如果是这样,我给了她很多的信任,同时也给了她太多的压力。可实际上,我的确经常需要她的帮助。

我也同样在想:是不是太把温迪(5岁)当个小孩子了。我不打算再要孩子了,所以我对她有些宠爱。不管怎么说,她是我的孩子。

我越想得多,就越意识到肯特心里也许会怨恨。她最近拒绝和温迪一起从学校走回家,不愿意给妹妹读书。而对温迪来说,肯特像她那么大的时候已经会做很多事了,温迪现在还不会(比如自己倒牛奶)。

我还没有采取什么行动,但是慢慢开始判断两个女儿的需要。应该帮助温迪更自立一些,不仅为了她自己,同时减轻肯特的压力。另外,多给肯特一些选择(除非我确实需要她的帮忙。)也许也应该时不时多给肯特些宠爱,我已经很久没这样做了。

尼尔的事情很幸运地发生在我参加完课程之后。那天早上,我一进家门,就接到邻居的电话。她声嘶力竭地告诉我,

她看见尼尔在放学回家的路上摘了三朵她珍爱的郁金香。

我气愤极了,心想:"怎么又是这样!"他一定又不承认。上次他把表拆散了,还不承认。(后来,我在他的房间里找到了那些零件。)还有他告诉我跳级了。(我问老师,老师说没有一个孩子跳级的。)最近他撒了这么多次谎,连他弟弟都说:"妈妈,尼尔又撒谎了!"

我知道我没有处理好这件事情。我总是要求他告诉我真相,如果他不说,我就会骂他骗子,然后给他长篇大论地讲说谎不好。这样做,把事情弄得更糟。教育孩子诚实对于我和丈夫来说非常重要,我不能理解为什么尼尔会这样。

不管怎么说,就像我刚才说的,我很幸运地参加了关于"角色释放"的课程,因为尽管我很生气,但我还是不能再让尼尔扮演"说谎"的角色。

他回家吃午饭的时候,我没有质问他。("是不是你?""你确认不是你吗?别再说谎了")我直接切入主题:"尼尔,奥丝太太告诉我你摘了她的郁金香。"

"没有,我没有。不是我摘的。"

"尼尔,她看见你了。她就站在窗口。"

"你觉得我是个骗子。她才是骗子呢!"

"尼尔,我不想讨论谁是骗子。事情已经发生了,为了某种原因,你摘了她的三朵郁金香。现在我们需要来想一想怎么弥补人家。"

尼尔开始哭:"我想送我们老师花。"

我说:"哦,原来是这样。谢谢你告诉我实话……有的时候说实话的确很难,特别是你觉得说出实话会带来麻烦的时候。"

接着,他开始呜呜地哭起来。

我把他抱起来,说:"尼尔,我知道你很难过,奥丝太太也

## 第6章 让孩子从角色中释放

非常生气。怎么办呢?"

尼尔开始掉眼泪。"我不敢跟她说对不起!"

"那你愿意写下来吗?"

"我不知道……你帮我。"

我们写了个草稿,让他抄在纸上(他上一年级)。

我说:"你觉得这样就行了吗?"

他有些不知所措。

"你觉得买几束郁金香还给她怎么样?"

尼尔破涕为笑:"行吗?"

放学后,我们去了花店。尼尔挑了四支郁金香,把花和便笺一起送到了奥丝太太家门口。他按了下门铃,就飞快地跑回了家。

我认为他不会再摘她的花了,也觉得他以后不会再撒谎了。他会对我更敞开心扉。即使他偶尔不想告诉我实话,也不会再让他扮演"骗子"的角色。我会找到让他说真话的方法的。

❀❀❀❀❀

一天,"角色释放"课程接近尾声的时候,一位父亲开始回忆。他说:"我记得当我还是个孩子的时候,我常常告诉爸爸各种各样的奇思妙想。他总是很认真地听我说,然后告诉我:'儿子,你可以天马行空地想象,但也要脚踏实地。'也就是说一个人可以有梦想,但同时也要知道如何面对现实。他给我的这个描述,一直帮助我渡过了许多艰难的岁月……我不知道在座的各位是不是也有过这样的体验。"

听完他的讲述,大家都陷入了沉思,每个人都开始回忆在过去的岁月里,我们的生命中留下深刻印象的那些话语。慢慢地,大家都开始纷纷讲述自己的回忆:

"小的时候,奶奶常夸我有一双灵巧的双手。每次帮她纫针线和解开毛线结的时候,她都会说我手巧。我想这就是我选择当牙医的一个原因吧。"

"我教书的第一年,对我来说压力很大。校长来听课的时候,我很紧张。他之后会给我一些建议,最后他总是会补充:'埃伦,我从不担心你,你对自己要求很高。'我不知道他是否知道他的几句话对我有多大鼓舞。我每天都想着这几句话,它帮助我自信起来。"

"我10岁的时候,父母给我买了一辆独轮车。我一个月都没学会骑,我想大概永远都学不会了。但是有一天,骑上它以后,我能一直保持平衡!妈妈觉得我很棒。从那以后,每当我担心学不会一样新东西的时候(比如法语),她都会说:'一个会骑独轮车的女孩,一定能学会法语。'我知道她的说法不符合逻辑。骑独轮车和学语言实在没有什么关系,但是我喜欢听她这样说,每次我接受挑战时,耳边总会想起妈妈的话:'一个会骑独轮车的女孩,一定能……'我也许觉得好笑,但是这句话一直让我受用。"

几乎小组里的每个人都分享了他们记忆中的事情。讲座结束后,我们都坐在那里,互相看着。那位一开始回忆的父亲感叹地摇摇头,像是对我们所有的人说"永远都不要低估了你的话对一个孩子一生的影响力。"

— 第 7 章 —

## 融会贯通

*Putting It All Together*

家长们普遍认为,把孩子从角色中释放出来是个复杂的过程。这不仅仅是要彻底改变对孩子的态度,而且需要运用许多的技巧。一位父亲告诉我们"要改变孩子的角色,需要将所有的技巧都用上——接纳感受、鼓励自立、赞赏、代替惩罚。"

为了对比"出于善意"的家长与"爱心加技巧"的家长,我们设计了两个场景,背景都是7岁的苏珊试图扮演被宠坏的"公主"。你观察在第一个场景下,妈妈怎么应对女儿,问一下自己:"她还应该做什么?"

## 场景 I

妈妈:我回来了!……嗨,苏珊!……不和妈妈打个招呼吗?
(苏珊不高兴地瞥了妈妈一眼,继续涂色,不理妈妈。)

妈妈:(放下包)嗯,我已经准备好今晚请客的东西了。有蛋卷、水果和(拿纸袋子在女儿面前摇晃,逗她笑)一个小小的惊喜。

苏珊:(抢过袋子)给我买什么了?(一下把东西都倒出来)彩笔?……不错……铅笔盒……(愤怒地)蓝色笔记本!你知道我讨厌蓝色,为什么不给我买红的?

妈妈:(为自己辩解)非常不凑巧,大小姐,我去了两家商店,都没有红笔记本。超市、文具店也都卖完了。

苏珊:为什么不去银行边上的那家商店看看?

妈妈:我没时间了。

苏珊：那就回去看看，我不想要蓝色的。

妈妈：苏珊，我不会为了一个笔记本再跑一趟的。今天的事情已经够多的了。

苏珊：我不会用这个蓝笔记本的，你这是白费钱。

妈妈：(叹口气)孩子，你真是被宠坏了，什么事情都要按你的意思去做才行吗？

苏珊：(撒娇)不是，红色是我最喜欢的颜色，蓝色多讨厌。求求你，妈妈。

妈妈：好……等会儿我出去给你买去。

苏珊：哦，真好。(回去继续涂色)妈妈？

妈妈：什么事？

苏珊：我想让贝特西来咱们家过夜。

妈妈：这个要求过分了。你知道爸爸和我今天晚上有客人来一起吃饭。

苏珊：但是她必须得来咱家过夜，我已经答应她了。

妈妈：好，那就打电话告诉她不行。

苏珊：你讨厌！

妈妈：不是我讨厌，我只是不想在客人来的时候有孩子打扰。还记得上次你们俩干的好事吗？

苏珊：我们不会干扰你们的。

妈妈：(大声地)不行！

苏珊：你不爱我！(开始哭)

妈妈：(哀伤地)苏珊，你当然知道我爱你。(抬起苏珊的下巴)好了，谁是我的小公主啊？

苏珊：求求你了，妈妈，我们肯定表现好。

妈妈：(口气软下来)这……(摇摇头)苏珊，这样不行，为什么每次你都让我为难？我说"不行"的时候，就是"不行"。

苏珊:(把涂色书扔在地上)我讨厌你!

妈妈:(严肃地)什么时候开始学会扔书了?拣起来!

苏珊:我不。

妈妈:马上拣起来!

苏珊:(尖叫,把新彩笔扔到地上)不!不!不!不!

妈妈:你还敢扔彩笔!

苏珊:(又扔了一支彩笔)我想扔就扔。

妈妈:(打了一下苏珊的手)别扔了,你这个臭东西!

苏珊:(尖叫)你打我!你打我!

妈妈:你把新买的彩笔弄坏了。

苏珊:(歇斯底里地哭)看!你都打出印了。

妈妈:(非常难过,摸一摸苏珊的手)真对不起,宝贝。只是一个小划痕,可能是我的指甲弄的,没事儿的。

苏珊:你弄伤我了!

妈妈:你知道我不是故意的,妈妈不会伤害你的,知道吗?来,给贝特西打电话,让她来咱家过夜。这样你是不是觉得好受点?

苏珊:(还流泪)嗯。


我们可以看到,有时候我们只是爱孩子、主动为他们着想还远远不够。当家长处于"危急"时刻,还需要有技巧。

读完第二个场景后,就会看到同样的妈妈面对同样的孩子,这次她用了所有的技巧,帮助孩子改善自己的行为。

## 场景 II

妈妈:我回来了!……嗨,苏珊!……我看见你在忙着涂色呢。

苏珊:(没抬头)是啊。

妈妈:(放下包)嗯,我已经准备好今晚请客的东西。另外,我刚才出去的时候给你带了些文具。

苏珊:(抢过袋子)给我买什么了?(一下把东西都倒出来)彩笔?……这个不错……铅笔盒……(愤怒地)蓝色笔记本!你知道我讨厌蓝色,为什么不给我买红的?

妈妈:你说呢?

苏珊:(犹豫了一下)因为商店没有红的?

妈妈:(称赞苏珊)你猜对了。

苏珊:那你应该去别的商店看看。

妈妈:苏珊,我给你买回东西来,希望听到:"谢谢,妈妈……谢谢你给我买了彩笔……谢谢你给我买铅笔盒……谢谢你给我买笔记本——尽管这个颜色我不喜欢。"

苏珊:(勉强地)谢谢……但是我还是讨厌蓝色。

妈妈:我知道你对颜色很有品味。

苏珊:对!……我把所有的花都涂成红色……妈妈,能让贝特西来咱家过夜吗?

妈妈:(考虑了一下)爸爸和我今天晚上有客人来一起吃饭,她能换一天来会更好。明天怎么样?要不下周六?

苏珊:但是她必须得来咱家过夜,我已经答应她了。

妈妈:(语气坚定)我认为你只能选择明天或者下周六,看你选哪天了?

苏珊:(撅嘴)你不爱我。

妈妈:(拉了一把椅子过来坐在她边上)苏珊,现在不是讨论爱不爱的问题。现在我们决定哪天请你的朋友来最好。

苏珊:(眼里含着泪)今天就最好。

妈妈:(继续坚持)我们来找一个合适的时间满足你的需要,也满足我们的需要。

苏珊:我才不管你们呢!你们真讨厌!(把涂色书扔到地上,开始大哭。)

妈妈：咳，我不喜欢你这样！书不是用来乱扔的！（捡起书来，拍拍上面的灰）苏珊，如果你感到难过，就好好说出来。告诉我："妈妈，我生气！……我非常不高兴！……我特别希望贝特西今晚来咱家玩！"

苏珊：（责怪的语气）我们本来准备今天晚上一起做巧克力曲奇，一起看电视的。

妈妈：是这样啊。

苏珊：而且贝特西还要把她的睡袋拿来，我还准备把床垫搁地板上，挨着她睡。

妈妈：你们已经安排好了整个晚上的活动！

苏珊：就是嘛，我们今天在学校商量了一整天呢。

妈妈：期待一件事情，然后又改变计划，是让人很失望。

苏珊：没错！就让她来吧，妈妈，求求你了……求求你了……

妈妈：你这么想和她在一起，我也希望能让你们一起玩，但是今天确实不行。（站起来）我现在做饭去了。

苏珊：可是，妈妈……

妈妈：（准备离开）我去准备晚饭去了，我知道你很失望。

苏珊：可是，妈妈……

妈妈：（在厨房）等你想好了哪天请贝特西来咱们家，就告诉我。

苏珊：（给贝特西打电话）喂，贝特西，你今天晚上不能来了……我爸妈今天请了几个讨厌的客人来，你可以明天或者下周六来。

在第二个场景中，妈妈巧妙地使用了一些方法避免了让苏珊扮演"小公主"的角色。如果我们在现实生活中也能随时运用这些技巧，岂不是对孩子、对我们都是两全其美的事吗？

但真实生活并不是精心设计的舞台剧，我们只需要背下台词，然后照着去表演。孩子和我们在现实生活中每天上演的剧情，是不容我们事先去排练和深思的。我们虽然学到了新方法,但还是有可能说出或者做出让我们后悔的事情,但不管怎样,我们知道了怎样调整到正确的方向上来。我们有几个基本的原则可以遵守。如果我们愿意花时间倾听孩子的感受、说出自己的感受、一起寻求解决问题的方法,而不是责备以前的过失,那么就不会偏离得太远。我们有可能会暂时偏离正确的轨道,但不会再次完全迷失方向。

最后要提醒的是:我们不必给自己套上"好妈妈"、"坏爸爸"、"溺爱型妈妈"、"权威型爸爸"的枷锁。我们都是普通人,仍然有成长的空间和改变的潜力。和孩子一起生活,不仅需要我们耗费精力和体力,更需要我们付出爱心、智慧和恒久忍耐。即使我们不能做到这些,也不必苛求自己,正如我们不必苛求孩子一样。多给孩子一次机会,也多给自己一次机会。

## 第 7 章　融会贯通

# 这一切是为了什么？

读完这本书以后，我们可能会对自己提出更高的要求。把学到的新原则、新技巧运用到我们的现实生活中去。摒弃过去的不良习惯，培养出好的习惯。在把所学到的知识融会贯通，并加以内化的同时，不要忘记我们的最终目标。所以我们再一次（也是最后一次）回顾一下我们学习所有这些技巧的目的究竟是什么。

- 彼此相爱，让自己快乐，也让我们所爱的人快乐；
- 生活中不再互相指责和抱怨；
- 体谅他人的感受；
- 用正面的语言表达愤怒和烦躁；
- 尊重孩子的需要，尊重自己的需要；
- 让孩子成为有爱心、负责任的人。

放弃那些陈旧的，对孩子没有帮助的说话方式，让孩子能从我们身上学到好的沟通方法，然后运用到他们今后的生活当中，来面对朋友、同事、父母、伴侣以及他们未来的孩子。

# 附 录
*Appendix*

**20 周年纪念版感言**

Ⅰ.是这样,但是……如果……会怎么样?

Ⅱ.孩子们的"母语"

Ⅲ.读者来信

附 录

# 20周年纪念版感言

亲爱的读者朋友:

当《如何说孩子才会听 怎么听孩子才肯说》在1980年首次出版的时候,我们心怀忐忑,不知道人们对它的面世将会有什么样的反响。这本书在形式上与上一本书《释放家长 释放孩子》(*Liberated Parents, Liberated Children*)有较大的不同,上本书讲述的是我们的一些亲身经历,而这本书则记录的是我们在全国各地举办讲座的内容。家长们会觉得它们有帮助吗?

在办讲座的时候,我们可以通过和家长们直接接触,了解到他们的回应。我们每次课程分为两个部分:晚上一场,隔天早上一场。结果发现在早上的讲座开始之前,人们就已经迫不及待地想要告诉我们,他们在前一天已经尝试了一种新的技巧,并且高兴地看到了成效。

但这样的效果是因为我们参与其中,和家长一起做角色练习、回答他们提出的问题、用鲜活的实例解释每个原则,并且努力把这些理念清晰地表达出来,但是编写成书之后,读者们能从书中的字里行间得到同样的理解和领悟吗?

答案是肯定的。并且,大家的回应也是我们始料未及的。出版社告诉我们,市场已经供不应求,他们正准备再版。据《纽约时报》的一篇文章报道,在纷繁多样的关于家庭教育的书籍里,本书被列为十大畅销书之一。美国公共电视台(PBS)根据书中的每个章节制作了一套六集的系列节目。然而对我们来说,最大的惊喜莫过于那些不计其数的家长来信,它们来自美国各地、加拿大以及全球范围的许多国家,有些地方我们都甚至没有听说过,需要到地图上才能找到它们。

在所有的来信中,多数是表达他们的感激之情。许多读者详细描述了这本书是怎样触动和影响了他们的生活。希望我们了解到他们做了哪些改变、哪些技巧对孩子有用、哪些没用。这些来自世界各地的父母,有着完全不同的文化背景,但在育儿方面,都面对相似的问题,也都在寻找着解决方法。

来信当中,还提到另外一个问题:改掉坏的习惯是件很难的事情。有的家长说:"我记得刚开始用那些技巧的时候,一切似乎都进行得很顺利,但是我常常会不自觉地又回到原来的状态,特别是当我处在压力之中的时候。"另外,读者们还表达了他们想要寻求进一步帮助的渴望:"我希望这些方法能成为我生活中很自然的一部分,这当然还需要不断地实践。你们能提供一些资料,以便于我和朋友们一起学习这些技巧吗?"

我们非常理解他们的这些需要。作为年轻的妈妈,我们曾经和其他的父母坐在一起,探讨分享彼此的育儿经验,努力寻找一种既尊重孩子又有效的方法,来应对来自孩子们的挑战。我们深切地体会到集体的经验非常宝贵,所以在这本书的基础上,还编写了可以自行操作的一系列讲座资料。我们相信如果能为家长们提供一种简单易学、步骤清晰的操作方案,那么他们就可以自己在一起学习并实践那些技巧,而不需要一个专业的老师去带领他们。

我们的这个"自主"计划果然见效了。家长们自行组织起来,按照我们所提供的讲座资料去操作,结果成功地运作起来了。同时,我们也没有想到会有那么多的专家也在使用这套资料。我们收到了来自于不同领域专家的回应,其中有精神病专家、心理学家、社会工作者、教育学家、牧师、神职人员以及法学博士等等。

我们惊喜地看到社会上各式各样的组织也在使用我们的教材——国内暴力危机中心、戒烟酒康复机构、少年管教所、童子军校、

附 录

州监狱、聋哑学校等等。全球超过 15 万个组织和团体已经使用或者正在使用我们音像讲座资料。

这段时间里,我们接连不断地收到来自四面八方的请求,大部分来自社会服务机构。"家长们渴望沟通交流技巧,你们有什么资料可以帮助我们培训志愿者,以便让他们到各个社区去宣讲吗?"

好主意!我们希望自己能努力做到。也许将来的某一天,我们可以写一些东西出来。

就在这个时候,威斯康星大学函授部告诉我们,他们已经开始实施了,而我们对此还一无所知!他们在与威斯康星州委员会合作"预防儿童虐待"的项目期间,已经获得联邦政府的同意,制作了一套针对我们讲座的培训手册,并且用它培训了超过百名的志愿者,传授给全球 13 个国家的 7000 位父母。他们兴奋地向我们描述项目实施得很成功,同时还梦想着能把这个计划推广到每一个州。于是,我们决定拿来他们的手册看看,作一些必要的修改,和他们一起合作出版培训手册,以便更广泛地推广这个项目。

回顾 20 年前,我们带着惶恐和不安推出这本书,谁也没能预测到(特别是我们自己),它会存在这么久,更没想到,它还衍生发展出许多新的形式。

尽管如此,我们还是再次问自己:这本书还能继续经得住时间的考验吗?毕竟 20 年已经过去了。除了科技的飞速发展外,社会的家庭结构也在发生着变化。更多的单亲家庭、父母离异、继父继母的现象出现,社会上出现了更多的非传统型家庭、双职工父母、被送到托儿所的孩子们。在这个更复杂、更困难、生活节奏更快的社会中,我们所提倡的沟通方法还能像以前一样适用吗?

在新千禧年之际,当我们用新的视角重读这本书的时候,得出了相同的结论:书中的原则和理论比过去更加符合现实的需要。因为不管哪种类型的家庭,今天的父母都比以往任何时期承受更多的来自工

· 243 ·

作和家庭的压力：工作中，他们必须强迫自己一天干两天的活；在家里，他们又要努力满足家人的期望和要求。同时，家长们还需要面对更多的问题：新的消费理念、色情电视节目、网上交友、暴力游戏、凶杀电影。所有这一切，不难让我们理解为什么今天的父母比以往更感到恐慌和困惑。

我们清楚地知道这本书不能提供所有的答案，有些问题单凭沟通技巧是不能解决的。但是，我们相信这本书会为父母们提供最有力的支持。帮助他们以各种策略来应对在培养孩子过程中产生的挫折感；用明确的方法帮助孩子设立界限并建立正确的价值观；为他们提供实用的技巧来维系亲情；面对外部的负面影响，让父母用充满爱心的语言来管教孩子，和孩子一同成长。

我们非常高兴有机会藉着20周年纪念版面世的机会，与读者们分享我们的感想，以及多年来收到的各种各样的反馈：家长的来信、问题、故事以及他们独到的见解。

我们希望读者能从中得到更多信息和灵感，帮助我们继续完成这项世界上最神圣的任务。

阿黛尔·法伯

伊莱恩·玛兹丽施

附 录

## I. 是这样,但是……
   如果……会怎么样?

我们收到的反馈不全是肯定的,有些家长遇到的问题比较复杂和严重,他们会因为没有得到更多的帮助而感到失望。也有些家长因为没有帮助他们解决特殊问题而沮丧,还有些家长努力改变,但收获甚微,并因此而郁闷。他们的共同语言是:"我试过了,不见效。"

如果询问他们真实情况和细节,就会轻易地判断出哪里出错了,为什么会错。看来,我们还需要把这些理念做进一步的补充。下面是家长的问题和我们的回应。

### 关于选择

我把选择权给了正处在青春期的儿子,结果和我的想法背道而驰。我告诉他,他可以先去理发,然后和家人一起吃感恩节晚餐,也可以在自己房间里吃感恩节晚餐。

他说:"好,我在自己房间吃。"我很吃惊,对他说:"什么?你竟敢这样对待我们!"他扭头就走。也许并不适合给青春期的孩子太多选择。

不管孩子多大,给他们的选择之前,先问一下自己:"我给孩子的选择是我和孩子都能接受的吗?"或者这些是选择还是威胁?孩子会不会觉得我是想要操控他?选择所要表达的应该是:"我站在你这一边,我希望你能做某事(或不做某事),但不想命令你,而是让你有发言权。"

那么在关于头发问题上,应该给儿子什么样的选择呢?多数青少年对父母关于他们发型的意见(造型、颜色、长度、清洁)都视为是对他们个人自由的侵犯。因此,在这个问题上其实是没有办法的。

如果实在克制不住自己,非要涉及这个敏感话题怎么办?我们建议你这样谨慎沟通:"我知道这不关我的事,但还是希望你考虑一下把头发剪短,好让我们能看到你的眼睛。这样,爸爸妈妈在感恩节的时候会真的很感恩。"

然后,说完就走。

**我给了孩子两个选择,都被她拒绝了。女儿不愿意吃药,我按照你们的方法做了,让她选择用苹果汁服药还是用姜汁服药,她说:"我哪个都不要。"然后嘴巴紧闭。**

如果孩子对某件事情极度反感,就不会接受任何选择。如果想让女儿做选择,就需要先尊重她的负面感受:"孩子,你的鼻子都皱起来了。一想到吃药就痛苦。"这样的表达能让她放松,她会感到:"妈妈理解我的感受,站在我这边。"女儿在情感上就能听进去你的话。"宝贝,怎么才能让你不那么难过呢?用苹果汁还是用姜汁?或者你有什么别的主意?"办法会有很多:

你要快点咽下去,还是慢慢咽?
睁眼喝还是闭眼喝?
用大勺还是小勺?
捏着鼻子还是抓着脚趾?
让我给你唱歌,还是不说话?
我给你拿着,还是你自己来?

关键是,如果有人能理解她的困难,她也有一些主动权,那就能去面对自己的困境。

## 关于行为产生的自然后果

在解决问题的时候涉及事情的后果,将会导致沟通不畅。一位家长告诉我们,她唯一一次使用"解决问题"的步骤,结果大家都不欢而散,让她非常失望。

**我召开了一个家庭会议,告诉孩子们,医生说家里的狗超重,缺乏运动。我们一起用解决问题的步骤,开始的时候进展顺利。就在我们分工的时候,二儿子问,如果有人该做的不做,会有什么后果?大儿子建议:一个晚上不许看电视。另外两个孩子认为这样不公平。长话短说,最后的结局是大家为了怎么惩罚才公平而争吵不休。最终也没有形成一个减肥计划。我得出一个结论:孩子们都不够成熟,不能运用"解决问题"的方法。**

在解决问题的时候,最好不要涉及到后果。"解决问题"的每一个步骤都是建立在信任的基础上,表达好的愿望,一旦把失败的后果也放进来,就会破坏这种信任,并产生怀疑、扼杀积极性。

如果孩子问,他不做该做的事情会有什么后果,你可以告诉他:"我们先不去想这个后果,现在要做的是,想办法让小狗健康。我们齐心协力才能做到。"

"我知道有时候可能会想偷懒,但还是要尽力去做,因为我们不想对彼此失望,也不想让小狗失望。如果有人生病或者有急事,可以轮流把事情做好。家人之间要彼此关照。"

## 不说"但是"

有些家长抱怨,他们认可孩子的感受之后,孩子会变得更难过。我们询问他们究竟对孩子说了什么之后,就知道其中的原因了。他们在与孩子产生共情的表达后面,都跟着一个"但是"。"但是"通常意味着削弱、反悔、否定之前说的话。下面是家长的原话,以及我们建议删除"但是"以后的表达。

**原话**:"错过朱莉叶的聚会,你一定很难过。但是你的感冒很严重,也就错过一次聚会,以后还有很多机会的。"

**孩子的想法**:爸爸根本不理解我。

**修正后**:(不用"但是"否定孩子的感受,而是给予完全肯定。)"错过朱莉叶的聚会,你一定很难过。你很期待给她庆祝生日,今天最不想做的事情就是躺在床上发烧。"

如果爸爸想再多说一些,他可以表达一下女儿的愿望:"你是不是希望有人赶快发明最有效的感冒药!"

**原话**:"我知道你讨厌让保姆照看你,但是我真的需要去看牙医啊!"

**孩子的想法**:你总找理由丢下我不管。

**修正后**:(去掉"但是,"改为"问题是……")"我知道你讨厌让保姆来照看你,问题是我真的得去看牙医啊!"

两者之间有什么不同吗?一位父亲说:"'但是'就好比对孩子关上了门,而'问题是'则像是邀请孩子一起想办法。"孩子可能会说:"你去看牙医的时候,我可以去盖瑞家。"妈妈也可以说:"你可以和我一起去,拿本书在候诊室看。"你也有可能没找到让孩子满意的办法,但你意识到这是个问题,孩子就能相对容易地去面对。

**原话**:"霍力,头发没剪好让你很沮丧,但是,头发总会长起来的,再过几个星期就看不出来了。"

**孩子的想法**:这还用你说,以为我什么都不知道啊?

**修正后**:(去掉"但是",改用"尽管你知道")"霍力,头发没剪好让你很沮丧,尽管你知道头发总会长长的,还是希望理发师能听你的,只剪掉两英寸。"

用"尽管你知道"来开始你的表达,可以让女儿相信你的智慧,既不否定她的感觉,也表明了你的看法。

## "你为什么……?"以及"你为什么不……?"

有些家长抱怨,他们善意地体谅孩子,换来的是却孩子的敌意。

刚作继母,我非常清楚地知道绝对不能批评孩子,我把管教孩子的任务交给爸爸负责。但我先生出差的时候,老师给了我一张家长通知单:儿子少交一份报告。这次我得亲自处理这个问题了。我心平气和地问他为什么不准时交报告,结果他对我大发脾气。这究竟是为什么?

用"为什么……?"或者"为什么不……?"开始的表达方式,感觉像是在责备别人,这样的问法会让孩子想到自己的缺点。你和颜悦色地说:"你为什么不……?"在他听来像是:"都是因为你懒惰、做事没条理、不负责任、做事拖拉,才会……"

他在这种压力之下,该怎么回答你?他只能用两个经不起推敲的理由为自己开脱,要么承认自己的无能,要么找借口:"老师没交代清楚作业……图书馆关门了……"两者都让他感觉更差,更生你的气,也更让他没法思考如何解决眼下的问题。

该怎么说才能不让他对你有敌意呢?你可以把问题交回给孩子,并给他支持。把老师的通知单交给他时,可以说:"这是老师给我和爸爸的通知单,你知道该怎么处理。如果你不知道怎么写报告,或者没写完,或者需要有人给你些建议,我都可以帮你。"

## 关于"暂停法"

几位家长读完以后,发现整本书都没有提到"暂停法",于是有些失望。刚听到这个意见时,我们也有些困惑。我们俩一共养育了六个孩子,从来没有用过"暂停法"。后来看到越来越多的报刊杂志在宣称"暂停法"是最新的教育方式,可以代替惩罚,是更人性化的方法,并且还指导家长如何运用"暂停法"。

我们为什么不考虑用"暂停法"?"暂停法"道理很简单:你只要把犯错的孩子放到一个地方,没有书本、玩具或游戏让他分散精力,让他安静呆一段时间(根据孩子年龄来定他呆几分钟),然后孩子就能认识到自己的错误,出来以后就会变得懂事、守规矩。

但是我们想得越多,读到关于"暂停法"的文章越多,就越不喜欢这个方法。我们认为这种方法不是什么创新,就像以前让淘气的孩子站墙角一样,"暂停法"不过是它的升级版。

试想一下,比利正在画画,妹妹在边上拽他的胳膊,比利就打了她。妈妈气愤之下,让他在反思椅上坐着。妈妈号称这总比打比利要好。但是比利坐在那里会怎么想呢?他会想:"我知道错了,以后不管妹妹做什么,我都不去打她。"或者"真不公平!妈妈根本不在乎我,她只在乎傻妹妹。等妈妈不在的时候,我再收拾她!"又或者他会得出结论:"我真差劲!活该一个人坐在这儿。"

我们相信,没必要把淘气的孩子孤立起来,即使是暂时的也没必要。不过,的确需要遏制他的不良行为,给予适当的引导:"比利,不许打人!你可以好好和妹妹讲:在画画的时候别拽你的胳膊。"

如果比利这么说了,妹妹不听怎么办?比利又打妹妹,这时候,可不可以用"暂停法"呢?

把比利孤立起来,或许可以暂时阻止他打人,但没有解决根本问题。比利需要的不是暂停的时间,而是和关心他的家长单独相处的时间,帮助比利处理他的情绪,想出办法来解决眼下的问题。妈妈可以说:"妹妹拽你的胳膊,打扰你,让你很烦。妹妹惹你生气,你才打的他。比利,我不希望你们打来打去的。我们一起来想一些办法,列个清单出来,下次你画画的时候,妹妹再捣乱,你就可以用上面的办法。"

代替打人的办法:

- 比利可以对妹妹大喊:"别动!"
- 可以轻轻推开妹妹的手。
- 给妹妹一些纸和彩笔。
- 让妹妹玩别的玩具。
- 妹妹睡午觉的时候再画画。
- 自己关起门来,画画。
- 没有别的办法的时候,可以请妈妈帮忙。

比利可以把这张清单贴在某个地方,必要的时候看一眼。他不再认为自己是一个一生气就胡闹,然后被送去"反思"的孩子,而是一个既有责任心,又有足够多的办法处理自己怒气的人。

## 关于配偶和重要关系人

一些读者觉得,当他们的另一半不愿意配合的时候,就会不知所措。

**我在努力改变和孩子的说话方式,但另一半不配合我的新方法,从而影响了效果。有什么好建议吗?**

这个问题出现在我们的一次讲座中,我们询问他们是如何处理的,下面是他们的回答:

- 我和丈夫讨论我想改变教育孩子的方法,希望他也能参与,但不必承担改变带来的压力;
- 我们把书放在车里,不开车的人负责大声读出来,然后再讨论;

⊙ 我丈夫不喜欢读子女教育方面的书。他认为"只要孩子知道你爱他,你怎么说都一样。"我告诉他:"当初我们要孩子的时候就想好了要好好教育他。我们不会让他穿破衣服,也不让他吃垃圾食品。同样,我们为什么要用不良的方式和他说话呢?我们现在就有好的方式。我们给孩子的都应该是最好的。"

⊙ 我试图让丈夫参与到教育两个儿子的过程中来,处理孩子问题的时候,常向他讨教好的建议。我会说:"亲爱的,我需要你的建议,在教育男孩儿方面我没有经验。当初你妈妈怎么说,你才能听她的呢?"通常,他会马上给我答案,有时候,则需要思考过一段时间后,才提出一个我没想到的建议。

⊙ 妻子不喜欢我告诉她该对孩子说什么、怎么说。最好还是我自己来,不再和她说什么了。但不知道为什么,有一天早上,她突然发生了变化。那天我们急着要出门,女儿不肯穿夹克。妻子没有和她争吵,而是给了她两个选择:正着穿还是反着穿。女儿笑了,选择反着穿。然后和我们一起出门了。

## 幽默的力量

几位家长问我们为什么不专门拿出一章来介绍幽默。出于自我保护,我们解释说在"鼓励孩子合作"的章节里我们已经讨论过关于幽默的话题。幽默能化解矛盾,可以把人们的心情从愤怒转变为快乐。但是父母的任务如此繁重,我们怎么可能再要求他们幽默?所以我们只用了两个段落来讨论幽默。但是我们错了!我们发现家长是可以做到幽默的,包括那些原以为自己不够幽默的家长也能做到。办讲座的时候,我们让那些看起来严肃、成熟的家长展现他们贪玩、搞笑、童趣的一面时,他们都能做得很好。家长们会想出各种办法来化解与孩子的矛盾。

我3岁的孩子有时候会拒绝穿衣服,想让我帮他穿。他每次这样的时候,我就把内衣套在他头上,或者把袜子套在他手上。当然他会告诉我穿错了,于是自己把衣服穿好。然后说:"妈妈,应该这么穿才对。"我假装很惊讶,然后把裤子穿在他的胳膊上,或者把脚放进T恤里。这个游戏最后总是在笑声中结束。

为了能让儿子刷牙,我们设想出两个细菌,分别叫杰诺迪和乔伊。刷牙的时候,杰诺迪和乔伊就会一起唱:"我们在本杰明的嘴巴里聚会了。"儿子刷到他们的时候,他们就会发出惨叫。吐到水池里的时候,他们会大喊:"我们还会回来的!"

家里只要有孩子,就很难保持整洁。但家长们想出的办法都很有创意。下面是几位家长为鼓励孩子做家务、自觉收拾东西而想出的办法。

我们成立了新家庭后(妻子有三个孩子:7岁、9岁、11岁;我有两个孩子:10岁、13岁),希望能制定家规,鼓励大家和睦相处。争论的焦点注注是家务活的分配上。每周六早上,我们把该做的事情列在小纸条上,放进不同颜色的气球里,打足了气,飘在空中。然后每个孩子把气球扎破,取出纸条,把纸条上列的家务活做完,然后再回来扎破下一个气球,直到把所有的家务活都干完,最后一起庆祝我们的团队圆满完成工作!

我是一个"家庭妇男",最近想出一个好办法,处理孩子脏乱差的问题。我把扑克牌中数字大的拿走,让孩子们来抽牌,拿到数字几,就做几样家务活。他们兴奋地数着自己干了几件家务活,然后赶快跑回来看看下一张牌会是几。最近一次玩这个游戏的时候,所有的家务活只用了20分钟,孩子们还遗憾游戏这么早就结束了!

**场景:** 一个房间,两个女孩,地上到处都是拼图。

**妈妈:** 孩子们,我们来玩"和音乐赛跑"的游戏。我放一盘带,等第一首唱完的时候,如果你们能把所有的拼图都收到盒子里,就赢了。

她们听从了我的建议,两分半钟就收拾好了。

---

我有四个男孩,我每天都对他们至少要大吼50次,让他们把鞋放好。他们每次一进家门就把鞋乱丢在客厅中间,我总是被他们的鞋绊倒。

**灵感:** 我在纸上写下"鞋子"两个字,挂在门口,让他们进门的时候正好能撞上这张纸。

8岁的凯文第一个回家,他进厨房的时候正好蹭到纸条。

**凯文:** 这是什么?

**我:** 自己看。

**凯文:** 鞋?什么意思?

**我:** 你觉得呢?

**凯文:** 今天去买新鞋吗?

我:不是。

凯文:(使劲想了想)你是想让我们把鞋放好?

我:猜对了!

凯文把鞋放好,还和后面回来的三个孩子解释纸条的意思。他们都把鞋放好了!

凯文:你还应该再写一个"洗手"的纸条。

我的孩子讨厌清理浴室。("妈妈,真恶心!")我并没有和他争论。只是在水池的镜子上贴了一张纸条。我编的这个顺口溜确实扭转了局势:

拿来扫把和抹布,
藏污纳垢真恐怖,
边边角角都清理,
屁股坐哪别忘记,
干家务,真辛苦,
劳动结束心满足!
谢谢!

爱你们的妈妈

一位妈妈和我们分享了她的故事,题目是"好景不长"。

我想让儿子把书房里的小火车和轨道玩具收拾利索,于是走进儿子房间,假装给他打电话,铃……铃……

他假装接起电话来:"喂?"

我说:"请问这是瑞里工程公司吗?"

他说:"是啊。"

我说:"我要把重型火车和轨道运到另外一个地方,听说你们公司在这方面做得最好。"

于是他把书房所有的东西都收拾干净。后来,我屡试不爽。有一天我又给他打电话:"请问这是瑞里工程公司吗?"

儿子回答:"这家公司破产了。"

附 录

# II. 孩子们的"母语"

我们的良师海姆·吉诺特博士并不是出生在美国,他早年从以色列移民过来,随后在美国获得博士学位,发表著作,并运作亲子辅导机构。第一次参加他的讲座时,我们向他抱怨改变旧习惯很困难:"我们用新方法和孩子说话时,舌头像是不听使唤似的。"他若有所思地听我们说完,然后回答:"学习一门新语言并不容易,至少改掉口音就很难……但对我们的孩子来说,这会成为他们的母语。"

他的话成功地应验在我们的孩子身上,也应验在读者的孩子身上。很多家长告诉我们,孩子们能很自然地说出这种"新语言"。下面是他们的经验分享:

> 我是个职业妈妈,工作很忙。我3岁的孩子早上不愿意起床,总是因为这个不高兴。我通常会说:"你今天心情不好,是吗?"他说:"是啊。"这么一说,好像就会好一些,他也能更合作了。
>
> 一天早上醒来,我起晚了,心里有些着急。他担心地看着我:"妈妈,你今天心情不好吗?但我还是很爱你。"他这么善解人意让我很惊讶,我的心情也随之好起来,一整天都开心极了!

> 我4岁的女儿梅吉对她弟弟说:"贾斯丁,我不喜欢你踢我。"(以前她会回踢弟弟。)弟弟说:"好的,梅吉。"然后就此

停止。梅吉跑来告诉我,她用新方法和弟弟说话,很管用!她很惊讶,也很自豪!

如果没有你们的秘笈,恐怕我早就疯掉了。来看看我都用了多少次你们的方法。最近我叫女儿(快5岁了)去睡觉,她说:"妈妈,你没让我选择。"女儿喜欢让我问她走过去睡觉,还是跳着过去睡觉。

还有一次,我们一起玩过家家的游戏,她演妈妈,对我说:"宝贝,你是坐吉普呢,还是坐跑车,你来选。"

我4岁的儿子丹尼和他的朋友克利斯朵夫坐在地板上,拿着玩具动物假装打架。突然假戏真做起来。

克利斯朵夫:丹尼,停!你弄疼我的手了!

丹尼:你才弄疼我了呢!

克利斯朵夫:我没办法,你压着我的手呢。

丹尼:我也没办法,你抓着我的手。

我:(看来我得介入了,但不知道该说什么。)

丹尼:等会儿。(往后坐了坐,想了想)克利斯朵夫,我们有几个选择:玩玩具,但别压别人的手……或者不玩玩具,玩其他游戏。你选什么?

克利斯朵夫:我们玩别的游戏吧。

然后他们跑开了。我简直不敢相信刚才发生的一切。

吃完早饭,我走到女儿(6岁)房间,心想:除了给她讲大

附 录

道理,还有没有其他办法让她记住把牛奶放进冰箱。没想到八岁的儿子抢先一步,在门外对妹妹说:"牛奶不放进冰箱,就会坏掉!"

女儿跑到厨房,马上把牛奶放到冰箱里。这一切让我看得瞠目结舌。

我坐在客厅,听到10岁的女儿丽菇和她的朋友莎瑞的对话。莎瑞正在厨柜里找东西。

莎瑞:(有些抱怨)我饿了。为什么你妈妈要把零食放得那么高?她从来不把吃的放在你能够的着的地方。

丽菇:莎瑞,在我们家不可以埋怨别人,想要什么就告诉我,我给你拿。

我站在那里,心里想:我不断地努力尝试,不知道到底见效了没有。但是,不知道什么时候,就看到它的效果。

你们的书让我最受益的就是能认识到,不说伤害人的话,也是可以表达愤怒的。以前我总是尽量保持平静,压抑自己的情绪,但每次忍不住大吼大叫,事后又后悔。现在,当我开始感到烦躁、没有耐心或者想自己一个人呆一会儿的时候,就会提前告诉孩子们。

昨天,我看到了这个方法的效果。

我和13岁的儿子瑞恩去商店买东西,他在暑假长高了许多,需要买件新夹克。我们逛了两家商场,都没有他喜欢的。正准备去第三家的时候,他说:"咱们回家吧。"

我:瑞恩,天气突然变冷,你就没厚衣服穿。

瑞恩：妈妈，求你了，我想回家。

我：可是……

瑞恩：妈妈，我现在很烦，可是我不想对你发脾气。

回家的路上，我感到很骄傲、很开心。谢谢你们让我和孩子明白，在情绪不好的时候，不去伤害别人。

✦ ✦ ✦ ✦ ✦

我是上个月开始参加你们的讲座，在这里，我想分享一下我和儿子的一段对话：

艾瑞克：（从校车上下来）猜猜看今天下课发生了什么事？

我：愿意洗耳恭听。

艾瑞克：麦克打人，让梅老师骂哭了。老师让他别哭了，说他是爱哭的小婴儿。

我：看到麦克这样，你也很难受吧！

艾瑞克：是啊，我这样搂着他。（他做了一个搂的动作，还拍拍肩膀）

我：麦克好受一些了。

艾瑞克：嗯。梅老师也应该参加你们的课程去。

我相信用新方法倾听孩子、向他表达，已经帮助他成为一个善解人意、体谅他人的孩子，看到不公平的事情时，不会袖手旁观。

上面是孩子们运用技巧的例子。最后这封信来自一位母亲，她和我们分享了如何将这种"新语言"内化的过程。

## 附录

今天坐在这里,眼含欣喜、激动的泪水,写信表达对你们的感激之情。我自身发生了很大的转变,现在已经能自如地运用很多技巧。我想说的其实是件小事。我儿子(3岁)的表哥(9岁)来家里玩,他在院子里教儿子把木板堆在一起,去够栅栏的顶部。我看了一眼,心平气和地对他们说:"嗨,我看见木板歪歪扭扭地堆在这里,很不安全,栅栏不是用来爬的,请下来吧。"

说完,我就走开了。几分钟后,我从窗户看去,他们已经把木板拆掉,在玩别的游戏!我突然发现完全可以得到我想要的结果(让他们从木板上下来),而不必:

- ⊙1. 事先去想用哪个技巧,而是自然而然,脱口而出。
- ⊙2. 像泼妇一样大叫——害怕孩子受到伤害时,通常就会这样反应。
- ⊙3. 亲自纠正孩子们的错误。我当时说完以后,也是自然而然地走开,并没有告诉孩子们该怎么做。此时此刻,给你们写信的时候,我才意识到我做得那么自然。我真的已经把这些技巧内化了!

由此,我想到了一年以前,会怎么处理这种情况。想起来都让我心痛。不能想象如果没有你们的书,孩子们会是什么样子。你们让我这样一个工作狂、酗酒鬼也学会了用爱心、宽容与孩子沟通。

最近,母亲回忆起小时候对我们的说话方式,禁不住哭了。她说:"听到你和儿子说的话,我就为以前对你们的说话方式感到惭愧。"我原谅了母亲。她也开始学习新的沟通方法,并为自己取得的成绩感到欣慰。

我妹妹(刚刚逃离丈夫的虐待)对孩子说话态度非常恶劣。我因为不能忍受她这样对待孩子,而不想和她见面。也为孩子们受到的伤害而难过。不忍心再让她继续下去,我送给她这本书,并建议她先浏览一下漫画。希望能吸引她看下去。最近,母亲告诉我,妹妹和孩子们的沟通方式有了改善。你们的书挽回了两个孩子的自尊。

对你们的感激之情,无以言表!

珍妮

**谢谢,珍妮。**谢谢所有花时间和我们分享经验的读者们。每当收到海内外的来信,我们都会一次又一次地沉浸在美好的梦想当中:所有的父母、老师、心理专家、讲座主办人都把关爱的沟通方式传播到世界各地,有那么一天,全世界的孩子们都能健康成长,成为坚强、自信、有爱心的人,并致力于人类的和平相处。

附 录

# Ⅲ. 读者来信

收到读者的来信我们总是感到很高兴,其中最感欣慰的是,家长们把书中的理念运用到复杂的现实生活中而得到的宝贵经验。

父母的离婚和爸爸的态度让我9岁的儿子很受伤害。如果不是读了《如何说孩子才会听 怎么听孩子才肯说》这本书,我真的不知道该怎么办。

举几个例子:汤姆从爸爸那里回来的时候,撅着小嘴不高兴。因为爸爸叫他"笨蛋"。

我尽力控制自己不去指责前夫并告诉孩子他才是个"笨蛋",而是对儿子说:"你一定很难过!没有人愿意挨骂。你是不是希望爸爸不要骂你,能好好和你说话?"

从汤姆的表情可以看出,我的话起了作用。同时我想找前夫谈一谈。但沟通之前需要好好想想,怎么说才不致于把情况弄得更糟。

谢谢你们让我重新找回了信心。

这本书是我从二手书店花了四美元买到的,老实说,这是我做的最值得的投资。我尝试的第一个技巧是"描述你所看到的",效果非常好。我的儿子埃里克斯今年4岁,性格倔强(我的父母叫他"倔牛"),因此我有很多机会来运用书中所提到的方法。

我曾经运用"角色释放"和"解决问题"的方法。埃里克斯在学前班上课时,不愿意和大家一起唱歌,也不参加他不感兴趣的活动,如果他觉得无聊或烦躁,就到处乱跑。老师不断地冲他嚷:"埃里克斯,坐下……埃里克斯,别这样……埃里克斯!"。他在充当着"麻烦制造者"的角色。

有一天下课以后,我问他学校的活动,哪些喜欢,哪些不喜欢。他说"唐老鸭"的歌已经唱腻了,也不喜欢老师翻来覆去讲的那些故事,但是他喜欢手工课、玩游戏。

后来,我给他解释,如果有孩子跑来跑去干扰课堂,老师就没办法好好教唱歌、讲故事。我正准备让他想些办法出来的时候,他突然说:"好吧,妈妈,我下课后在操场上玩!"

我把快要出口的话又咽了回去,对他说:"好啊!"从那以后,再也没有听到老师对他的抱怨。我在儿子身上运用的技巧越多,他的进步也越大,就像换了个人似的。

学校辅导员推荐给我这本《如何说孩子才会听 怎么听孩子才肯说》,因为我和6岁的儿子之间出现了些问题。

读完以后,我从密歇根州立大学校外办公室借来了录像带,开始学习里面所提到的技巧。我的很多朋友都觉得我儿子变化很大,他们问我,究竟是什么让儿子发生这么大的变化,我和儿子的关系又是怎么改善的。(他不再说:"我讨厌你!我不是你儿子!"而是说:"妈妈,你是我最好的朋友。")

我给他们介绍了这本书,还给12个家长(包括我丈夫)上了6周的课程。后来,校外办公室的老师也希望我能对外

附 录

开办这样的课程。到现在为止,我开办这个系列讲座已经有许多年了,也非常欣喜地看到,听过讲座的家长在与孩子相处中所发生的变化。

领会这个课程的精髓是需要时间的。来自外界的压力常常会促使我们希望凡事能速战速决。有时会受到周围环境的影响,认为对孩子不严厉(惩罚、打孩子)的话,他们就会成为散漫而不负责任的人。但是,当我们真正开始在孩子身上运用这些方法,并看到效果之后就会认可这个课程。

回头来看我和儿子的关系,儿子原来是个爱生气又反叛的孩子。学习并运用书中的技巧,对我们的家庭生活和亲子关系都有非常大的改善。我坚信只要我们继续学以致用,就能够避免在儿子进入青春期后变成一个不良少年。

非常感谢书中提供的这些简单实用的技巧。

我是在当地的图书馆发现的这本书,可以说,它是一本不会过时的书。我相信它所涵盖的内容是非常受用的。

它帮助我处理和女儿(10岁)的问题。不知道是否受到朋友或电视的影响,女儿最近的说话态度变得不好。她常说:"你们从来不给我买好吃的。"或者:"你们干嘛给我买这烂游戏机?这是小孩子玩的。"

谢谢你们提醒我不再只站在自己的角度去解释,我会说:"莉萨,我不喜欢你指责我。如果你想要或者不想要什么东西,请换个方式和我说。"

我第一次这样做的时候,她感到有些意外。但现在当她又说话没礼貌的时候,我不再说什么,有时候只给她个眼神,她就会尽量好好说话。

你们的书让我受益匪浅。就在今天早上,我赶着要送小婴儿去托儿所,提醒朱丽叶(4岁)喷她的气喘药,然后穿好衣服去上学。她不理我,开始玩她的芭比娃娃。以前我会冲她大吼,扔掉她的玩具。然后她开始生气哭闹,我也上班迟到。现在,我会先做个深呼吸,然后对她说:"我知道你很想玩你的芭比娃娃,她也想和你多玩一会儿。你是想自己喷药呢,还是让芭比娃娃帮你喷?"她回答:"让芭比娃娃。"然后走过去,喷完药,穿好衣服,准备上学去。

我从内心感谢你们!

## 青少年父母的来信

经常有家长问,什么年龄开始运用这些技巧最好。我们的标准答案是:"永远都不会太早,永远都不会太迟。"下面是来自青少年家长的讲述:

别人常问我,我的孩子为什么那么乖。我会告诉他们,这都是夫人的功劳,同时我也会提到这本《如何说孩子才会听 怎么听孩子才肯说》。因为这本书帮助我实践了我的想法。它不仅告诉你怎么说、怎么做,更重要的是告诉你在共同生活中如何彼此相互尊重。有了相互尊重的基础,你才能在孩子进入青春期之后,让他仍然接受你的管教和影响。

做到这些并不容易。最近,儿子杰森(14岁)向我要钱看电影,我知道他想看R级的电影,这部电影还不适合他看。我没答应他,也向他解释他还不到看这个级别电影的年龄。他说,朋友们都去看,他也不想错过。我再次重申了我的立场,他说我制止不了他,自己个子高显得年龄大,如果不行,他会找人带他进去的。

我说:"我知道制止不了你,但是还是希望你别去。我看到报道,说这部电影有很多情节是关于性与暴力的。性不应该是伤害、利用别人,而是两个人相互关爱、体贴。"

我没给他钱,也不希望他去。但是,即使他去了,我相信他也会思考我对他说的话。我们这种彼此尊重的关系,让孩子至少能听得进去我的建议。这也是我让他抵挡外界不良影响所做的努力。

你们的书改变了我的生活,特别是我和正处在青春期的女儿朱迪的关系。我们经常为她晚上回家的时间问题争吵不休。不管我们约定好几点回家,她永远都会很晚回来,怎么说都不管用。她回家晚,让我们很担心。因为有一次孩子们没有大人的监管在一起聚会,骚扰到邻居,还把警察都惊动了。周六早上,我和丈夫准备和朱迪坐下来好好谈谈,一起解决这个问题。丈夫告诉她,按照他的想法,会搬到一个荒岛上呆两年,等她上大学再回来。但这又是不可行的,所以需要找到更好的办法。

我说:"说真的,朱迪,你愿意晚上和朋友一起出去玩,我和爸爸也想踏踏实实在家里呆着,我们需要一起找到一个解决办法,让大家都满意。"

最后达成协议:我们需要确认她去的地方有大人看护,而朱迪在11:30到12:00之间到家。因为我们睡得早,所以把闹钟定在12:15,以防万一。朱迪回家后,把闹钟关掉。这样,她可以出去玩,我们也可以安心睡觉了。如果听到闹钟响,我们就去找她。

协议执行得很好。朱迪每次都在"和闹钟赛跑"。

谢谢你们提供了这本实用的工具书。

## 不仅仅是为了孩子

这本书的目的是帮助家长改善亲子关系。我们没想到有人通过这本书改变了自己,也改善了他们和自己父母之间的关系。

我从小就得不到父母的赞赏,总是受到他们的责骂。几年来一直酗酒、吸毒。我希望能从外界找到帮助,改变这种堕落的生活。我的治疗师向我推荐了你们的书,让我受益匪浅。我不仅改变了对一岁半的儿子的说话方式,也改变了和自己的说话方式。

我是个单亲妈妈,不愿让我的孩子重蹈覆辙。我不再小看自己,谢谢你们让我重新找回了自信。

《如何说孩子才会听 怎么听孩子才肯说》是我的圣经,打破了多年来我们否定负面感受的恶习。我终于意识到不必压抑自己的感受,不管是正面的,还是负面的。这就是真实的我。我希望自己的四个孩子(分别17、14、12、10岁)能体会到我的努力,培养出懂得沟通的下一代,而不是否定、否定、再否定。

注:我是在12岁时得到了这本书,是它拯救了我。

我今年40岁了,有两个儿子。你们的书对我影响最大的是,让我意识到父母的态度对我的伤害有多大。每次和父亲见面,他都会说出一些伤害我的话,责怪我不称职,没教育好孩子。我发现,即使现在已经成人,还是会对过去的伤害感到痛苦。

而事实上我是个尽职尽责、努力工作的人,现在也小有成绩,但在父亲眼里,完全是另外的样子。

读了你们的书,我重新找到了面对父亲的勇气。最近,当他说我懒惰的时候,我对他说,他也许这么看我,但我不这样认为(他有些不知所措)。我有了新的希望,可以用新的方式来治愈心中的伤痛。

## 老师的来信

每次参加会议都会遇到一两位老师把我们叫到一边,告诉我们这本书对他们个人和专业带来的影响。

九年前,我刚刚开始当老师的时候,读到了这本书。当时我还没有孩子,和成年人一起工作。这本书不仅帮助我从容面对七八年级的学生,还让我成为一个快乐的人。

我不再自问:如何督促学生爱学习、守规矩。而是发挥孩子们的主观能动性。最近一个成功的例子就是马克,他自封为班上的活宝,总是干扰别的同学,也老是考零分。一天下课后,我叫住他,对他说:"马克,我想和你谈谈,看怎么能帮助你学习。"

我的问题让他一惊,他大概认为我会请他去见校长。沉默了很长时间,他说:"也许我应该上课记笔记。"

第二天,马克不仅记笔记,还举手回答问题。别的同学说:"哦,马克,原来你知道要学习啊!"

几年来,我不断到向数以百计的家长和老师推荐、出借、讨论你们的书。我还在床头放了一本。书里的话,帮助我成为一个满意的父亲、丈夫和朋友。

书中关于"赞赏"的技巧,对我的学生们帮助很大。有个孩子患有多动症,九个月内只交了三次作业。读了这本书,我开始用描述性的语言指出他的进步。开始对他说:"这是你自己想出来的!"或者"哇,你自己发现哪里错了。""你一直坚持找到正确答案。"一周以后,他的每一篇作文都交了,他为自己的进步感到骄傲,让我在下次家长会上告诉他妈妈。

还有一个学生书写很差,几乎看不懂他写的是什么,拼写成绩也在50分左右。他找另外一位老师补课。我和那位老师读了这本书,开始对他大加赞赏。我们描述他书写和拼读好的地方。今天他高兴地跑到我办公室,告诉我拼写考试20个单词,他对了19个!他第一次得了"A"。

我在德克萨斯州的学校里做教育分析,在多年的培训老师工作中,总结出一些经验和方法。比如:行为修正、心理暗示、严格惩罚、剥夺休息时间、关禁闭、延迟满足等等。我和同事们看到你们的书以后,一致认为书中的方法和技巧正是我们所需要的,也是老师们所需要的,一定会对我们大有帮助的。因为沟通在人际关系中是非常重要的。

## 海外来信

我们收到许多海外来信,欣喜地发现来自不同文化背景的人们读了这本书,也非常受用。

一位来自中国的女士写道:

我是中国广州一名英语老师,在纽约的学校学习的时候,曾做一个5岁小女孩詹妮弗的保姆。在我之前是一位外国保姆带她,对她很不好。孩子淘气时候,就把她关在黑屋子里,打她。结果,詹妮弗变得性格孤僻,经常歇斯底里地大哭。

开始的几周里,我用中国传统的教育方法告诉她该怎么做,但没有效果。她变本加厉地大哭,还打我。

詹妮弗的妈妈觉得对不住我,找到了心理医生。医生向她推荐了《如何说孩子才会听 怎么听孩子才肯说》。我们如饥似渴地阅读这本书,尽量学以致用,结果非常成功。詹妮弗开始愿意说话了,我们也成了好朋友。她的父母感激地说:"你对詹妮弗真好!"

现在我回到了中国,也成了一名母亲。我仍然运用书中的方法教育我的儿子,效果很好。现在我希望能帮助其他父母,让他们能在亲子关系中更成功、更快乐。

一位来自澳大利亚的母亲写道:

我用书里提到的方法来教育孩子,发现孩子们(特别是两个大孩子原来不爱说话),现在变得愿意和我说话了。每次和他们打招呼:"回家了!"(而不是"今天上学怎么样?")他们会很开心。我的大女儿主动找我说话,而不是老躲着我了。

❋ ❋ ❋ ❋

一位社区工作者在蒙特利尔开设《如何说孩子才会听 怎么听孩子才肯说》的课程,她向我们描述了访问南非开普敦的经历。

我会见了家长中心的领导,并查看他们的工作。中心开设的课程面向附近的中产阶级和住在远郊临时居住房的凯亚里沙。在凯亚里沙,人们生活在拥挤的房子里,屋子只有卧室那么大,没有热水、没有卫生设施。人们到中心上课,用的教材是《如何说孩子才会听 怎么听孩子才肯说》,把文字和漫画翻译成了南非语,以便当地人能理解。他们图书馆大约有十本书,都快被翻烂了。

我准备把你们新出的《如何说,孩子才肯学》,送给我在约翰内斯堡的朋友,他在那里的一个偏远社区进行一个老师培训课程。

可见你们的影响力有多大!

## 身处困境中的父母来信

每个家长每天都要面临很多的生活琐事去处理。在一次讲座结束后,一位女士走到我们跟前,含着泪告诉我们,因为我们的书,她和患有抽搐症的儿子之间的关系,从绝望、敌对转变成友好和关爱。随后,陆续得到家长的反馈,说他们运用我们的方法应对棘手的问题。

读者们常常把功劳归功于我们,其实,最大的功臣是他们自己。简单地读书谁都会,难的是领会到书中精髓,在身处困境的时候运用所学到的方法,这是需要相当的勇气和付出。下面是家长的经验:

## 附 录

我的家里经常像是要发生世界大战。女儿(7岁)患有多动症,如果服药,会好一些,但药效过后,她就会失控。

读了你们的书,我就想,是否可以把其中的方法运用到这类孩子身上?结果证明完全可以!我对她用新的说话方式,她整天都会表现得好些。我相信如果一直沿用这些方法,她会慢慢好起来的。谢谢你们的书!

我和丈夫都是心理医生。儿子(8岁)最近被诊断为多动症。他的病给我们带来很多麻烦。一位朋友推荐了你们的书。我们发现书中提到的方法是目前所看到最有用的。

我们首先接受了行为方式训练,你们的方法是基于彼此的尊重和理解,而不去控制孩子的一切行为,慢慢地孩子也有了十足的进步。

我愿意和更多的人分享这些,让更多的人受益。

谢谢你们愿意分享自己的经验、承认自己的不足,这让更多的读者也能接纳他们自己。

我儿子皮特(6岁)发现有弱视问题。医生说他每天在学校至少要戴四个小时的眼罩,不然,他的视力会下降得更厉害。

不用说,皮特觉得又尴尬又不舒服。他每天都设法不戴,我也拿他没办法。他抱怨眼罩难受,我认同了他的感受,但还是坚持让他戴。他的态度没什么改善。

后来,过了五六天,我已经没有精力和他争执。我说:"皮特,我也戴4个小时,感觉一下,然后我们再想想办法。"

我戴了20分钟就头疼得不得了。平常的小动作,比如开门、晾衣服等等都变得很困难,4个小时以后,就变得情绪急躁、疲惫不堪。我完全理解了孩子的感受!

我说出了自己的感觉,皮特觉得心情好多了。从此以后,他每天都坚持戴4个小时的眼罩,矫正了视力,以后也不用再戴眼镜了。

我从中学到了:了解孩子的感受不是光动动嘴巴就够了,需要站在他的角度来体验。

我已经办了很多年的讲座了。第一次读到你们的书的时候,我的儿子艾伦刚出生,现在他已经22岁了,患有严重的精神病。你们提供的方法和技巧,让我帮助他战胜疾病带来的痛苦,我的情绪有了改善,艾伦的病也有所好转。

这本书就是你们送给我们全家最好的礼物。